JN168490

# やがて哀しき憲法九条

あなたの知らない憲法九条の話

加藤秀治郎

展転社

# プロローグ

この本はテーマこそ憲法九条ですが、中身は硬くはありません。楽しく読めて、「ためになる本」を目指して書いたものです。法律というと、話が硬くなるのが通例のようですが、ご安心ください。私は法律学者ではなく、ずっと常識の世界に近い政治学者でして、それも難しい話は、自分もゴメンという口だからです。

読書好きの方なら、サブタイトルから作家・阿刀田高氏の一連の書物を連想されることでしょう。『ギリシア神話を知っていますか』などの、ユニークな入門書シリーズです。人が気にかけているものの、「本格的な書物はチョット……」ということで、手を出しかねているテーマについて、楽しく、そのエッセンスを伝える、優れたシリーズです。『あなたの知らないガリバー旅行記』もその一冊でして、サブタイトルはそこから拝借しました。

パクリといわれても仕方がありませんが、あの手この手の工夫を加え解説するという阿刀田氏の精神に学びたいということで、お赦《ゆる》しいただきたいと思います。執筆の傍ら、お手本にした阿刀田氏のシリーズを読むようにし、真似を心がけました。

扱うテーマの違いもありまして、とても同じようなトーンでは書けませんでしたが、有益でした。目標がどれだけ達成できているかは、読者の判断を待つしかありませんが、どうでしょうか？

面白くて、ためになる本が目標ですが、事実にそくして書いていないのでは困ります。「論より証拠」の精神で書きました。最近のブックレットの類には、政治宣伝やアジビラのようなものが混じっていますが、「証拠より論」ではいけません。

私自身も肩の力を抜いて、読者と対話するつもりで、楽しみながら書きました。気楽に憲法九条という「ワンダーランド」（不思議な世界）へ一歩を踏み出して下さい。私が道案内をしていきます。

※この書物は学術書ではありませんので、引用にあたって、旧漢字、旧仮名の表記などを改めせていただきました。また、引用文など、論旨を変えない範囲で、少し手を加えている場合もありますが、同じ事情によるものですので、ご了解いただきたいと思います。

目次

## やがて哀しき憲法九条——あなたの知らない憲法九条の話

カバーデザイン　根本眞一（クリエイティブ・コンセプト）

# 日本国憲法第九条

第九条〔戦争の放棄と戦力及び交戦権の否認〕

日本国民は、正義と秩序を基調とする国際平和を誠実に希求し、国権の発動たる戦争と、武力による威嚇又は武力の行使は、国際紛争を解決する手段としては、永久にこれを放棄する。

前項の目的を達するため、陸海空軍その他の戦力は、これを保持しない。国の交戦権は、これを認めない。

ここでは略式にされ、普及している条文を掲げた。正式の原本は歴史的仮名遣、旧字体の漢字表記であり、「國際平和を誠實に希求し……」といった具合である。

〔 〕内の見出しは正式の原文にはなく、六法などでも各社がそれぞれ付している。ここでは衆参の両法制局のものを付した。他の六法から二項につき二例のみ示すと、〔戦力の不保持・交戦権の否認〕、〔軍備および交戦権の否認〕といった具合である。見出しで読者の印象が左右されることがあるのに注意されたい。

## 1 「無条件降伏」の下での憲法制定だったのか

憲法論のパターンの一つに「押しつけ憲法論」があります。無条件降伏をして占領下で押しつけられたものだから正当性を欠くという立場と、そんなことはない、という二つの立場に代表されますが、事実関係はどうだったのでしょうか？

この点については、事実関係で明確になっていることがありますので、その辺の確認からこの本を書き始めたいと思います。「無条件降伏したのだから……」と思い込んでいる人が多いのですが、若い世代はそうではありません。歴史教科書の変化のためです。

中年以上の方はご存じないかもしれませんが、近年、高校の歴史教科書はいろいろ変わってきています。この数十年、ずいぶん騒いできましたから、それも当然かもしれませんが、その変化も方向がいろいろなようでして、単純な評価は下しにくいようです。それはそれで面白いのですが、この本のテーマとは別なので割愛させてもらい、ここは話を「降伏の方法」に限ります。

**今の歴史教科書は、ただ「降伏した」との記述**

最近の歴史教科書は、日本が「無条件降伏」をしたとは書いていません。「ポツダム宣言を受諾して降伏した」という書き方になっているのです。たとえば、高校の『政治・経済』（実教出版、二〇〇七〈平成十九〉年検定）ですが、「日本はポツダム宣言を受諾して連合国に降伏した」とあります。

その四年前の検定のものでは、「日本はポツダム宣言を受諾して、連合国に対して無条件降伏した」とありました。――文句なしの無条件降伏という表現でした。それが今は微妙な記述になっているのです。

『日本史』となると、『政治・経済』よりはもう少し詳しく書いてあります。山川出版社版（二〇〇二〈平成十四〉年検定）を見ますと、「日本軍への無条件降伏勧告と日本の戦後処理方針からなるポツダム宣言」とあります。

特に強調されている訳ではありませんから、注意して読まないとわかりませんが、無条件降伏を求められているのが「日本」ではなく、「日本軍」だと書いてあるのです。

「そうなら、そうとわかるように書いてほしい」という感想が出るでしょうが、そういかないところが教科書問題のデリケートなところです。東京書籍『政治・経済』ではなおも、「日本は無条件降伏をせまるポツダム宣言を受諾」とあります。どうです。しぶといでしょう。

ともあれ、教科書がこう変わりますと、大学入試もその線での出題となりますから、違いが大きいといえば大きいのです。ただ、高校の教育現場がどうなっているものか、その辺のことは私もよく知りません。何せ、その気になったら、白を黒と言うようなことも、行われてきた世界ですからね。
以前は社会科教科書それ自体が、手の込んだものになっていました。それを窺《うかが》い知ってもらうエピソードを一つだけ紹介しておきます。詳しい日本史教科書には、資料として「ポツダム宣言」のさわりが出ていましたが、何を載せ、どこをカットするかで、印象は一変します。手品のようなものです。

驚くなかれ、宣言の五条には、「われら〔連合国〕の条件は左記の如し」とあって、以下、降伏の条件が列挙されていたのですが、この五条は教科書の資料ではカットされていました。代わりに入っていたのが十三条です。「われら〔連合国〕は、日本国政府が直ちに日本国軍隊の無条件降伏を宣言」することを要求す、という部分です。

無条件降伏という予断があるところに、この資料ですから、疑いなし、と信じること請け合いでした。ことほど左様に、巧みな仕掛けがなされていましたから、「無条件降伏をした」と学校で教わった人は、みな信じてきました。大雑把に言って、三十代より上の世代がそうなりますかね。

ことのついでに、大学生以上を相手にしたトリックのようなものも紹介しておきましょう。誰もが「ポツダム宣言」とだけいって、正式名を知りませんが、正式名称は「日本の降伏の条件を定めたる宣言」とでも訳すしかないものです（「ピンポイント解説」参照）。条約集などで、これを書いていないものが多いのはどうした訳でしょうかね。

## 「有条件」のはずが、いつの間にか「無条件」に

ポツダム宣言の扱いがこんなことになったのは、どうしてでしょうか？　――まあ、連合国の中核たるアメリカの政策が、二転三転したのが最大の原因でしょう。そして、それに追随する日本人がいたということではないでしょうか。そして、報道・教育がその線でなされ、無自覚に信じ込むようになったのでしょう。

そのアメリカですが――途中までは別ですが――終戦時には、対日戦での犠牲を少なくしたい、という想いから、「無条件降伏」を強調しなくなっていました。

それどころか、無条件降伏といっても、何もムチャクチャになるわけではない、というシグナルを、何度も何度も日本に向けて送っていました。ポツダム宣言もその一つですが、日本向けのラジオ放送でもそうでした。その線でのビラも投下されています。

戦争中のプロパガンダ放送としては、わが国では、日本軍が連合国に向けて行った放送ばかりが有名です。アメリカ兵が「東京ローズ」と呼んで、聞いていた放送がそれです。しかし、アメリカも負けずに日本に向けて、短波ラジオなどで宣伝放送をしていました。「ザカライアス放送」といわれるものがその一つです。

内容は、無条件降伏は日本軍についてのことであって、日本国民の絶滅や奴隷化を意味するものではない、ということを強調するものでした（読売新聞社編『昭和史の天皇』第三巻）。要するに、降伏は無条件ではなく、有条件だというのでして、先に見たように、ポツダム宣言

にも結局それが盛り込まれています。

このことは、もっと知られて良いかと思うのですが、そうはなっていません。この種の奇妙な話がゴロゴロ、というのが戦後日本の歴史の話の変則的なところです。

連合国は戦争末期には柔軟になっていたのでして、終戦もその線で決まりました。受諾したポツダム宣言もそういう内容でしたし、ミズーリ号で調印された降伏文書にも同じことが書いてあります。ところが終戦が決まると、途中からアメリカの意向で「無条件降伏」にされていくことになりました。「エッ、そんな勝手な」と思うような話です。

この点については、ポツダム宣言を受諾する際に、「国体」が維持されるのかと、余計な問い合わせをした結果、かえって日本の立場が弱まったからだという説もあります。法哲学の長尾龍一・東大教授の説です。連合国の「回答」（バーンズ回答）には、日本側の「統治の権限は連合国最高司令官に従属する」とあって、弱くなったというのです（『憲法問題入門』）（なお「回答」の厳しい表現を、日本政府内では「制限の下に置かれる」とボカして訳していました）。

降伏文書にも降伏条項の実施につき、「日本の統治の権限は……」と同じ記述が入りました。この事実はそれなりに重く、軽視できませんが、アメリカ政府の手のひらを返すような態度変更はどうでしょうか。このことが日本側の悲劇の源ですが、憲法も日本側の意向はあまり考慮されずに、制定されました。そして、日本国内では「無条件降伏をしたのだから仕方がない」という「空気」ができ上り、それはアメリカ側に都合の良いものでした。

少し駆け足になりますが、この辺の事情を見ておきます。終戦前ですが、この時期のものと思われる、米国務省のある覚書が残っています。日付のない文書ですが、「七月二十六日の宣言と国務省の政策の比較検討」という文書です。

これは、ポツダム宣言をアメリカ政府がどう位置づけていたかを示す、注目すべき文書です。そこには、ポツダム「宣言は……降伏条件を提示した文書」だとの認識が書き込まれています。そして、それまでの理解による「無条件降伏」とは、「何らの契約的要素も存しない一方的な降伏のこと」であった、と書いています。

要は、日本の降伏は有条件降伏であり、無条件降伏ではないと、アメリカ側も認識していた、ということです。

ところが、八月十五日の敗戦、そして九月二日の降伏文書の後、九月六日になってマッカーサーへ、アメリカ本国政府から「通達」が出されました。その問題の文書で降伏の性質が一変させられてしまいます。外交上重要なのは、先の九月二日の降伏文書のはずで、これもポツダム宣言の線での内容となっていました。ところが、その数日後のアメリカ政府の内部文書で、ガラリと変えられてしまっているのです。

その通達では、マッカーサー連合国最高司令官の日本政府に対する権限は、「無条件降伏を基礎とする」ものだということになっています。対外的な効力などないはずの、アメリカ政府の内部文書ですが、これ以後、アメリカ側は日本国の「無条件降伏」ということで通すようになっています。

日本政府内でも疑問が出たでしょうが、明確に異議を唱えることはありませんでした。次節に見る石橋湛山《たんざん》など、それを批判する人が日本側にいなかったわけではないのですが、連合国総司令部（GHQ）は、それで通しました。無条件降伏との解釈は、その後、教育・宣伝と検閲によって、日本社会に「定着」させられていきます。

今なお多くの人が、「日本は無条件降伏をした」と書いて平気でいるのは、すべてここにルーツがあります。

そしてその結果、負け犬根性のようなものにとらわれてしまったのでした。東京裁判の弁護人の中心人物だった清瀬一郎は、一九六七（昭和四十二）年にこう書いています。

――降伏の「当時からこんにちに至るまで、世間では無条件降伏という言葉が流行し、占領中にはすぐに『何しろ、われわれは無条件降伏したのだからいたし方ない』といって、占領軍の横暴ぶりを見のがす言い草としていた」（『秘録東京裁判』）。

私などは「一度、アメリカにお詫《わ》びしてもらいたい」という気分になりますが、敗戦・占領ということは、そういう面があると言われれば、それまでかもしれません。ただ占領が終わって七十年にもなる今も認識が改まらないのは、やはり日本側の問題ではないでしょうか。

教科書が変わったのですから、大人も勉強しなおさないといけません。

**ピンポイント解説**

## 日本国は無条件降伏をしたのか

**ポツダム宣言「日本の降伏の条件を定めたる宣言」**
(Proclamation Defining Terms for Japanese Surrender)
５条　われら〔米中英〕の条件は左記の如し。……
13条　われらは日本政府が直ちに全日本軍の無条件降伏を宣言……することを求める。

**米国本国政府のマッカーサーへの通達**（1945年９月６日）
マッカーサー連合国最高司令官の日本政府に対する権限は、「無条件降伏を基礎とする」ものである。

《解説》
長らく教科書には、日本はポツダム宣言を受諾し「無条件降伏した」とあったが、2007（平成19）年の検定から「軍の無条件降伏を勧告したポツダム宣言」となった。不思議なことに省略されている資料集が多いが、宣言の正式名は「降伏の条件を定めたる宣言」だ。無条件降伏は軍のことで、外交上重要な降伏文書でもこれが踏襲された。だが、アメリカ政府内の文書たる９月６日付アメリカ本国政府通達で、ＧＨＱの権限は「無条件降伏を基礎とする」とされた。

## 2　ＧＨＱ秘密検閲の下での憲法制定

前の節は「無条件降伏」の話でしたが、この節はもう一つの、あまり「知られなかった話」です。憲法制定の前後に、連合国総司令部（ＧＨＱ）が秘密裡《り》に検閲をしていて、その制約の中でしか、議論が許されなかったことです。

「知られなかった」と過去形で書いたのは、これまた今の歴史教科書の多くは、ＧＨＱが秘密に検閲をしていたことに触れているからです。

### 江藤淳氏の問題提起――ＧＨＱの秘密検閲

こちらは著名な文芸評論家の江藤淳氏が一九八〇年代に徹底して取り上げたことが契機となって、少なからぬ人々に知られるようになりました。江藤氏の迫力たるや実にすさまじく、戦後日本の言論の「空気」を大きく変えるものでした。

しかし、未だ知らない人も少なくありません。そして、それをいいことに、知らないふりをしている人も少なくありませんので、注意してください。

これもかつての教科書が関係しています。学校教育とマスコミが一緒になって何かをやると、歴史は簡単に歪曲《わいきょく》されますから、実に怖いところがあります。ことは、北朝鮮や中国だけに限らないのですよ。

さて、一昔前の歴史教科書ですが、ＧＨＱが言論の自由をもたらした、という話ばかりでしたから、その時代に習った人が秘密検閲を知らないのも、やむをえないかもしれません。しかし、このウソは暴かれましたから、今では教科書でもふれています。〈戦中の日本政府や日本軍の検閲がなくなったものの、新たにＧＨＱが秘密裡に検閲を始めました〉と書いてあるのです。

このＧＨＱの秘密検閲が伏せられてしまいますと、戦後、ＧＨＱによって「言論の自由」を与えられた、という一面だけになります。日本の国民が、憲法を自由に論じることができたか否かに関わりますから、これは重要な点です。しかし、今なお秘密検閲を「秘密」のままにしておきたい人がいるので、話は複雑です。

まず事実関係を確認しておきましょう。――戦前・戦中に行われていた日本政府の検閲が、戦後しばらくして廃止されたのは、その通りです。命じたのはＧＨＱに他なりません。その契機となったのは、一枚の象徴的な写真です。

敗戦から一カ月ほどした九月二十七日のことですが、昭和天皇がマッカーサーを訪問しました。この時、昭和天皇とマッカーサーが並んで写った有名な写真が撮られました。この写真の掲載をめぐって、日本の新聞社、日本政府、ＧＨＱの間で確執があり、そのことで日本政府の検閲の事実が明らかになったのです。

問題の写真が新聞各紙に掲載されたのは翌日ではなく、二日後の二十九日です。こういう事情のためでした。――当然、各紙は写真を翌二十八日に掲載するつもりでしたが、外務省が差止め命令を出したので、写真は載りませんでした。そこで検閲が存続しているのをGHQが知り、外務省に抗議して、翌二十九日付の紙面に掲載させました。

不思議な話はさらに続きます。――その間の事情を知らなかった日本政府の情報局が、なんと写真を掲載した朝日、毎日、読売の三紙を発禁処分にしたのです。もちろん新聞社側も黙っていません。GHQに事情を説明して、救済を求めると、GHQがすぐに日本政府の発禁処分を取消すよう命じた、というのが顚末《てんまつ》です。

## 検閲についての日本での奇妙な説明

ここからウソも交えた説明が始まります。

――まず、日本政府に対する検閲の廃止命令です。日本政府や軍の検閲に苦しんできた言論界の喜びは大きいもので、作家・高見順の九月三十日の日記がよく引用されます。「これでもう何でも自由に書けるのである！」という文章です（『敗戦日記』）。

しかし、実はこれは事の半面でしかありません。GHQが秘密検閲に乗り出していたからです。その検閲は手の込んだものでして、検閲の存在自体を秘密にしなければならないとの命令の下で行われたものでした。○や×など伏字もダメ、余白をつくるのもダメということで、新聞社側は紙面が限られている中なのに、料理記事など埋め草原稿を用意して対応することになりました。

ただ、一般の人も、注意してさえいれば、何か不自然なことが行われていることに気づいたのではないでしょうか？

たとえば、数日後の十月三日付の朝日新聞には、「東洋経済新報押収」との記事が掲載されています。――「連合軍司令部は現在市中に出ている東洋経済新報九月二十九日号を即時全部没収するよう命令した、これは同誌に掲載されている米軍占領に対する日本人の反響に関する記事が占領軍の利害に反するとの理由に基く処置である」。

ここで問題にされたのは、東洋経済新報の「進駐米軍の暴行」という記事です。無署名ですが、『石橋湛山全集』にも収められていますから、湛山《たんざん》が書いたものでしょう。

内容はこうです。――「比較的少数」だが、進駐軍の「不良兵卒」が「乱暴」を働いている。アメリカは「日本に平和思想を植えつける使命を果たそうと」しているが、「それには米軍乃至《ないし》米国自体がその使命に応《ふさ》はしき行為者たることが肝要」である。だが現実はどうであろうか。「如何に少数と雖《いえど》も、兎《と》に角《かく》斯かる狼藉《ろうぜき》を演ずる者のあることは、悲しむべきだ」と。

占領軍を相手にこう書いた石橋湛山の姿勢には、卑屈なところがまったくなく、実に立派な文章です。

近年は、湛山が「小日本主義」を説いたというようなことで、奇妙な持ち上げ方をする人がいますが、私はそれ以前にストレートな言論人、政治家だったと思います。「日本人離れのした凛然《りんぜん》たる硬骨漢、惚れ惚れする千両役者」という、谷沢《たにざわ》永一氏の評価があたっていると思うのです（『標識のある迷路』）。占領軍相手でも遠慮がありませんでした。

検閲に話を戻します。——石橋湛山のような言論はすぐに封じられたのです。先の高見順はその十月三日、『日記』に「東洋経済新報が没収になった」と書き、「アメリカが我々に与えてくれた『言論の自由』は、アメリカに対しては通用しないということもわかった」と書いています。言論が封じられたことを指しての感慨です。

## 「戦後憲法学」の複雑怪奇

事実経過はこういうことでしたが、戦後の憲法をめぐる言論もまた複雑怪奇です。「不思議な世界」（ワンダーランド）と言いたくなるような状況でして、本書でも何度か不思議な話が出てきます。——どうです、面白そうでしょう、と期待をもたせ、話を先に進めます。

不思議なことに憲法学者は、高見の『敗戦日記』というと、先の九月三十日の記述ばかりを引き、後の十月三日の方はあまり引きません。これをどう理解したらよいのでしょうか。

まず、護憲派の代表的な憲法学者・樋口陽一氏らが編集した『日本国憲法資料集（第三版）』です。便利な本ですが、護憲派の立場からの「編集」が行き届いているからか、前後の脈絡がわからないまま、九月三十日の一節だけが収められています。

この辺りの事情を調べてみたのは、愛敬《あいきょう》浩二・名古屋大学教授の『改憲問題』を読んだ時、三十日の方だけが引かれているのに疑問を覚えたからです。

愛敬氏は、「押しつけ憲法論」を言う改憲派に対して、制定時には言論の自由があったので、「押しつけ」はないというのでして、その文脈で高見日記から九月三十日の方だけを引いています。そして「ほとんどの日本国民が日本国憲法の制定を『涙をのんで』甘受したという想定は不合理」だ、と述べているのです。

私は、高見日記の数日後の分まで読んでいたら、こういうことは書かなかったはずだと思うのですが、この憲法学者はどういうわけか、片方の引用だけで済ませています。しかし、それでは事実関係の半分しかわからないでしょう。

どうしてこんなことになっているのでしょうか。いろいろあたっているうちに目にしたのが先の『日本国憲法資料集』です。この資料集には、きちんと日記の日付まで書いてありますので、それを頼りに、高見『日記』はその日の分だけ拾い読みして済ますことができるようになっています。

この『資料集』がかなり恣意《しい》的につくられていること、愛敬氏のケースに近い引用が憲法学者に多く見られることなど、部外者たる政治学の私には不思議なことばかりです。これが「戦後憲法学」の象徴的な光景でなければよいのですが、どうでしょうか。

当時からこの憲法は、一部で「ホンヤク憲法」と呼ばれていたようで、米国人記者のマーク・ゲインはそれを『ニッポン日記』で書いています。しかし、問題はわれわれ日本人の側にもあり、それを林達夫は一九五二（昭和二十七）年にこう書いています。

――ゲインの指摘を「待つまでもなく、我々は当時多少とも事の実相は知っていたはず」である。自分は、「この見かけだおしの憲法を麗々《れいれい》しくわが子わが事のように口にする人々を軽蔑するのであります」と（「妄人妄語」）。

当時の一級の評論家で、政治的党派を超えて幅広い信頼をえていた林達夫の言葉だけに重いものがあります。

いずれにせよ、憲法制定時にはGHQの秘密検閲がなされており、憲法案について自由に論じることができなかったのです。その検閲の実態については、より憲法に近づけて詳しく見ておく必要がありますが、それは節を改めて説明することにしましょう。

ここでふれた江藤淳氏の著作は、『忘れたことと忘れさせられたこと』、『一九四六年憲法――その拘束』、『閉ざされた言語空間――占領軍の検閲と戦後日本』という三部作です。内容も迫力ありますが、表題も上手いものです。一冊でいいので是非、読んでみていただきたいと思います。

**ピンポイント解説**

## 「言論の自由」はアメリカに通用せず

### 作家・高見順の『敗戦日記』の顚末《てんまつ》

**1945年9月30日**（ＧＨＱが日本政府の検閲を廃止したことを知って）
「これでもう何でも自由に書けるのである！」

**同年10月3日**（『東洋経済新報』が没収になったことを知って）
「アメリカが我々に与えてくれた『言論の自由』は、アメリカに対しては通用しないということもわかった」

《解説》
　終戦前後の様子を知る手立てに日記があり、作家・高見順の『敗戦日記』は代表的存在だ。敗戦後も続けられていた日本政府の検閲が、ＧＨＱによって廃止されたのを知り、高見は「もう何でも自由に書ける」と喜んだが、その４日後には別の検閲の存在を知らされた。ＧＨＱが秘密裏に検閲しており、「言論の自由」は「アメリカに通用しない」ことを知った。もう高校の教科書もＧＨＱの秘密検閲のことを書いているのだが、一部の学者・言論人が昔のままなのはどういう訳か。

## 3　ＧＨＱはどう秘密検閲を行ったのか

占領下でのＧＨＱの秘密検閲の話の続きです。今では秘密検閲のことは、歴史教科書に書いてありますから、若い人は知っているでしょうが、どのように行われたかとなると、ごく一部にしか知られていません。

評論家の江藤淳氏は、一九七九（昭和五十四）年にアメリカのワシントンＤ・Ｃに滞在した前後から、戦後日本でのＧＨＱの秘密検閲について、調査研究に基づき事実経過を書き始めました。『忘れたことと忘れさせられたこと』などの三部作にまとめられています。

「戦後教育」にどっぷりつかっていた私なども、この江藤氏の著作にふれるまで、まったくその事実を知りませんでした。ただ、もっと旧い世代の人々は承知していたといいます。たとえば評論家の福田恆存《つねあり》氏ですが、そのことを彼一流の表現で書いています（『問い質したき事ども』）。

「連合国総司令部は『敗戦後三年間、広範囲にわたる事前検閲をやっていたのです』と（江藤）氏は言っているが、そんなことは誰でも知っている」。「そんなことを知るために、今頃、わざわざウッドロー・ウィルソン・センターにまで出かけて、段ボールの古書二百箇を相手に格闘するには及ぶまい」。

私は福田氏からも多大な影響を受けている者ですが、この発言には感心しません。事実、同時代人でも知らない人がいたのですし、その方法も詳細には知られていなかったのですから、江藤氏の仕事は評価されて当然だと思うのです。現場を知っていた人や、口伝えで承知だった人がいるにしても、一般には知らなかった人が多い以上、書き残しておくことには、重要な意味があるでしょう。

バランスの良いのは次の関嘉彦《よしひこ》氏の評価かと思います。福田氏に近い世代の学者ですが、占領下の検閲と憲法九条の関連を論じた江藤氏の著作を「一九六〇年代までは想像もされなかったような論文」と高く評価しています。

検閲を実際に体験している関氏はまた、「占領政策を批判する奴は、沖縄で重労働をさせるぞ、と脅された」記憶を書き残しています（『新潮45』一九八九年二月号）。福田氏のように語るだけでは、同時代的な文脈を見失うことになると思うのです。

## 四つの検閲基準

少し、横道にそれかけました。本筋に話を戻しますと、ＧＨＱの秘密検閲の実態はこういうものでした。検閲の方針は少しずつ基準が整えられていったのですが、一九四六（昭和二十二）年十一月二十五日に最も整った文書になります。

検閲に引っ掛かる項目が、全部で三十挙げられていますが、最初の四項目が特に重要です

（江藤淳『一九四六年憲法――その拘束』）。肝心な点ですから、よく目を開けて、しっかり確認ください。

まずは、「一、SCAP（連合国最高司令官または連合国総司令部）批判」です。SCAP《スキャップ》とは、GHQと同じ連合国総司令部の略称です。「GHQ批判」と読み替えてもらえばOKです。占領軍批判はダメということでして、これは占領をする側にすれば当然でしょう。戦後、日本国民は長い間、そう思わないできたのですが、よほどのお人よしだったようです。

次が「二、極東軍事裁判批判」です。「東京裁判」を批判しても検閲ではねられるということでして、「東京裁判史観」が戦後の日本社会で支配的になったルーツは、一つがここにあるでしょう。これはこれで興味尽きませんが、ここでは先を急ぎます。

この文書ではこのように、削除や発行禁止処分の対象となる項目がリストアップされているのですが、「三、SCAPが憲法を起草したことに対する批判」と続きます。「憲法草案はGHQ製」と書くのはダメということです。

この第三項目については、説明の方も見ておく必要があります。憲法草案を占領軍が作成したことは後に（5節）述べますが、「日本の新憲法起草に当ってSCAPが果した役割についての一切の言及、あるいは憲法起草に当ってSCAPが果した役割に対する一切の批判」は検閲ではねられたのです。

起草したことについて批判してはダメ、というだけでなく、起草した事実にふれてもダメというのですから、徹底しています。なぜでしょうか？

当時、各国間の取り決めである国際法（ハーグ陸戦法規）では、占領にあたって現地の法を尊重するよう定められていましたから、ＧＨＱはそれをかなり気にかけていたということでしょう。だから、憲法改正への関与を検閲で隠そうとしたのだと思います。

同じ敵国の占領でも、ドイツでは憲法についてはもう少し穏便にやっていますから、私の推測も、まずは順当な所でしょう。ドイツについては、法治国家の伝統がありますから、そういう小手先の方法は通じない、という判断だと思います。

そして第四項目です。「検閲制度への言及」とあり、「出版、映画、新聞、雑誌の検閲が行われていることに関する直接間接の言及がこれに相当する」との説明があります。この項目こそが秘密検閲の「秘密」たる所以《ゆえん》です。

ＧＨＱの検閲は手が込んでいて、検閲していることを知らせてはいけないというものだったのです。直す時は跡を残さないようにし、伏せ字も許されませんでした。

新聞でいいますと、当時の紙面はきわめて限られていましたので、大事なことを手短に書くというスタイルでしたが、不思議なことにオムレツの作り方など、のんびりした記事が散見されます。事情通の人にいわせると、急遽《きゅうきょ》、検閲でボツにされた原稿の穴埋め用の記事だったようです。

## 今も残る検閲の影響

このように憲法草案をＧＨＱが作成したことについて、批判するのはおろか、その事実を指摘することすらも禁じられた事実は、直視しなければなりません。

少し、例をあげておかないとわかりにくいかもしれません。定番のようになっている、最も有名な削除の例を示しておきましょう。作家・中野重治氏が一九四七（昭和二十二）年に雑誌『展望』に書いた「五勺《しゃく》の酒」です。次の箇所が削除を命じられました。

「あれ〔新憲法〕が議会に出た朝、……あの下書きは日本人が書いたのだと連合軍総司令部が発表して新聞に出た。日本の憲法を日本人がつくるのにその下書きは日本人が書いたのだと外国人からわざわざことわって発表してもらはねばならぬほど何と恥さらしの自国政府を日本国民が黙認していることだろう」。

この文章がはねられたのは、ＧＨＱが憲法を起草したことに対する批判だから、ということです。

検閲は当初、事前検閲でしたが、一九四八（昭和二十三）年七月からは事後検閲となりました。刊行する前にチェックを受ける方式から、完成したものを事後にチェックされる方式になったのです。事前検閲から事後検閲に変わって、緩和されたとの印象があるかもしれませんが、そうではありません。新聞社や出版社にすればカネをかけて作ったのに出せないとなれば、経済的な損害が大きいからです。

このようにして秘密検閲が行われた結果、憲法についての言論は、完全に委縮してしまうことになりました。江藤氏はこう書いています。関係者に「自主検閲の慣行が生じ、不許可になりそうな個所をあらかじめ出版社側で削除」するようになった、と。

それも当然といえば当然でしょう。マスコミ関係者には、ＧＨＱの思惑を気にする体質がしみつくこととなったのです。

政治学者の私には、この辺のことを上手に表現するのは手にあまりますので、文学の領域で検閲を論じてきた桶谷《おけたに》秀昭氏の見事な表現を借りることにします。

検閲の影響は「占領体制が解けたあとも、残り、さらに内在化して戦後日本の言語世界のわくとなった」（『昭和精神史　戦後篇』）というのです。

「戦後日本の言語世界」などと、巧いことを言うものです。脱帽です。

江藤淳氏が、このＧＨＱの検閲を執拗に取り上げたのも、同様の問題関心からでした。三部作の残り一冊は、『閉ざされた言語空間』と題されています。江藤氏は、秘密検閲が憲法に限らず、極めて広範な影響を及ぼしたとしていますが、こと憲法問題では影響は明明白白です。右のようにして占領下でメディアは口を封じられ、自由に論じられなくなっていたのです。

ただ、国会議事堂の中は比較的自由でした。戦前派の日本人はなかなか立派なもので、特に貴族院では優れた議論が展開されています。

ただ、その議事堂の中も完全な自由ではありませんでした。公職追放という、もう一つの手段がGHQに握られていたからです。議員など、公職に留まる資格を剥奪《はくだつ》されては、何もできなくなるからです。

護憲派の憲法学者は、自由に憲法について語ることができたと言いますが、かなり窮屈《きゅうくつ》だったのは否定できない事実かと思います。

**ピンポイント解説**

## ＧＨＱの秘密検閲と憲法

**検閲で削除の対象とされた項目**

（30 項目のうち冒頭の 4 項目）

１、ＳＣＡＰ（連合国最高司令官または連合国総司令部）批判

２、極東軍事裁判批判

３、ＳＣＡＰが憲法を起草したことに対する批判

４、検閲制度への言及

《解説》

ＧＨＱは占領中、新聞、ラジオ、出版物等を秘密裡に検閲し、削除の命令や発行禁止の処分をしていた。その方針は検閲基準に明らかだが、上記の４にあるように検閲がなされていることへの直接間接の言及が禁じられていたから、知らない人も多かった。占領軍や東京裁判への批判が許されなかっただけでなく、ＧＨＱ（＝ＳＣＡＰ）が新憲法を起草したことの報道も、それを批判することも許されなかった。メディアが口を縛られる中、新憲法は誕生した。

## 4　公職追放の憲法制定への影響

この節は、公職追放が憲法制定にどんな影響を及ぼしたかの話です。一九四六（昭和二十一）年一月四日の公職追放令に始まり、一九四八（昭和二十三）年五月の終結宣言まで続きましたので、憲法制定の時期はスッポリその内に収まっています。

### 言論統制に劣らぬ影響

憲法に及ぼした影響を考えてみたいのですが、まずは当時のことを直接体験している世代の岡崎久彦氏の見解に耳を傾けてみましょう。――日本に対して「占領軍は自分の意思を強制する手段をもっていた。反対論を封じる直接的な手段は言論統制」だったが、「当初のもっとも効果的な手段は追放だった」。

このように公職追放を検閲以上に重視していますが、その理由はこうです。――「追放されるということは、発言できる地位を追われるという」ことで、「それ自体占領軍の意思を強制できるという手段」だった。そして、「同時に生計の道を失わせる脅迫の効果もあった」からだ、というのです（『吉田茂とその時代』）。

追放を懸念して発言を自重するという効果をも考えますと、公職追放には甚大《じんだい》な影響があったと言うべきでしょう。

一般的な公職追放の他に、国立大学の教官などについては「教職追放」も行われており、こちらも、同じような作用を及ぼしたと思われます。この教職追放には、興味深いエピソードがたくさんあります。

戦争協力者として東大を追われたのは、国際法学者・安井郁《かおる》氏ですが、法政大学に移りますと、今度は一転して平和運動の指導者として名を馳《は》せました。安井氏はさらに、金日成の信奉者として知られるところにまでいたっています。どうです、時代の「空気」を感じさせる話でしょう？

他にも、ゴシップはいろいろありますが、公職追放に話を戻します。日本人で公職に留まるのがふさわしくないとされた人物を追放したのですが、これを英語では「パージ」といいます。ちなみに、ソ連でのスターリン時代の大粛清も同じくパージといいます。こちらは多くが、「粛清」と訳されるべき処刑となっています。

わが国でのパージの方は、殺されこそしませんが、選挙に立候補できないとか、指導的地位に留まれないということで、生計にも困りますから、やはり厳しいものでした。

公職から追放されるべき「好ましからざる人物」としては、七つの基準が設けられていました。A項からG項まであり、F項までは地位や組織に基づくもので、かなり客観的な基準でした。ただ最後にG項という問題の多い項目が設けられていました。役人の文書では「その他」に気をつけろ、とよく言われますが、その類がこのG項です。

曖昧な項目で「その他の軍国主義者・国家主義者」となっていました。専門家の増田弘氏はこのG項について、「A項からF項までの適用範囲から漏れた好ましくない日本人をすくいあげるよう考案されたもの」と説明しています（『公職追放論』）。

**憲法制定にストレートに影響**

公職追放は、憲法制定ではストレートに、重大な影響を及ぼしているのですが、理解いただくには、二つの具体的な出来事を紹介する方が手っ取り早いでしょう。

一つは、総選挙の前に立候補予定者を審査して、「不適格者」を排除したことです。もう一つは、より直接的に、首相となる直前に鳩山一郎を公職追放としたことです。この件につき前後の事情を知ると、誰もが「無茶苦茶だ」との印象を持つことでしょう。

まずは一九四六（昭和二十一）年四月の総選挙です。戦争は終わっていますが、まだ新憲法が決まっておらず、明治憲法が続いている時期です。帝国議会は衆議院と貴族院という構成でして、貴族院は非公選ですから、総選挙というのは衆議院選挙のことです。

紛《まぎ》らわしいことにこの時の国会を「制憲議会」ということがありますが、憲法を制定するための特別の議会があった訳ではなく、普通の国会です。ここで選ばれた議員が憲法を制定した、というだけのことです。

ＧＨＱの民生局は、この衆議院の総選挙に際して、こういう文書をまとめていました（一九四五年十一月）。――「日本国民を欺瞞《ぎまん》し世界征服の挙に出る過誤を犯さしめた勢力を新しい議会から駆逐するため」、一定の範囲の者につき、立候補する「資格を剥奪する」という方針がそれです。

その結果、大量の候補者が排除されました。特に、保守派の多くを糾合《きゅうごう》していた進歩党は、多くの候補者が立候補できないこととなり、大打撃を受けました。二百七十四名のうち、パスしたのは僅か十四名です。自由党でも、松野鶴平、安藤正純《まさずみ》といった幹部をはじめ、四十三名のうち三十名が追放されました。

他にも、審査を受ける前に立候補を止めてしまった人も多いので、影響は甚大《じんだい》でした。新憲法の内容に抵抗したであろう政治家が追放されたのですから、公職追放が憲法制定に直接的影響を及ぼしたのは間違いないでしょう。

ちなみに、この総選挙は女性が参政権を得て初めて参加した選挙ですし、選挙制度も「大選挙区・制限連記制」という制度でした。この時だけで止めてしまいましたが、選挙結果にはこの制度の影響もあるでしょう。しかし、先のような数字からして、公職追放は無視できません。

ですが、これに劣らずショッキングだったのは、鳩山一郎（鳩山由紀夫氏の祖父）の追放です。総選挙で第一党となった自由党の総裁でしたから、まさに組閣に着手しようとしていました。

議員の候補者としては合格としながら、首相になりそうな時に公職追放としたのです。無茶苦茶との印象は拭《ぬぐ》えませんが、問題の「G項」での追放でしたから、やる方にすれば勝手がききました。

公職追放はいちおう、先の基準に従い、日本側の公職審査委員会という機関で審査して決めていたのですが、この時はその頭越しになされました。GHQの直接的関与という他に言いようのないものでした。

日本側でそれに抵抗するような者がいるなら、そちらも「パージすることを辞さないぞという、多分に『見せしめ的な恫喝《どうかつ》』という形のもの」（増田弘）だったのです。

こうして首相になるはずの鳩山は外され、代わりに首相になったのが吉田茂です。これも仮定の話でしかないと言えばその通りですが、吉田ではなく、鳩山がそのまま首相になっていたら、憲法制定の審議は鳩山の下で行われますから、別の展開があったかもしれません。鳩山一郎は、追放が解かれ政界に復帰してからは、改憲論者の代表のように言われた人ですから、吉田よりはGHQに抵抗したのではないでしょうか。その可能性は否定できないと思います。

追放の一因となったのは、鳩山の「反共姿勢」でした。彼の発言には次のようなものがあります。――「戦争はふたたび侵《おか》してはならない」が、共産主義国家という「いまだ侵略者の一群が存在する」。「侵略から祖国を自衛する――という意味で再軍備は必要である」。そのように講和後の著書で、ズバリ語っています。

それに比べると吉田の方は、ずっと複雑でして、一筋縄ではありません。しかし、占領下では総じて、抵抗しても限りがあるので、無駄な抵抗はしないという姿勢が、吉田には濃厚でした。「すべては独立を回復してから」という想いだったようで、淡白な印象が否定できません。

すべては仮定の話で、「歴史のイフ」に属することです。しかし「制定時の首相が吉田ではなく、選挙の結果通り鳩山だったら、どうなっていたか？」という想いは禁じ得ません。吉田は外交官出身ですが、当時、日本政府がどういう姿勢でGHQと交渉していたかについて、「外交交渉」よりは「渉外」のようだった、と書き残しています。得意先への営業活動のようにへりくだってしなければならないものだった、ということでしょう。

議事堂の中だけは、マスコミの検閲のようなものはありませんでしたので、まずは自由に憲法も論じられていました。いや、その議会ですら、自由には限度がありました。憲法案の審議の中で、「英文ではどうなっているのですか」という核心をつく質問が出たりすると、議長役が必死に押し止めたりしています。ですから、議事堂の中の自由と言っても、あくまで相対的な意味でしかなかったのです。

それに加え、当の日本政府の腰が引けているのですから、初めから限りがありました。

こういう状況の中で憲法が制定されたという事実は押さえておく必要があるでしょう。

この公職追放とともに、並行的に行われた東京裁判の影響も無視できないでしょう。極東国際軍事裁判として、一九四六(昭和二十一)年五月に始まったものです(一九四八年十一月判決)。侵略戦争を進めた戦争犯罪人を裁くということですから、憲法九条の形成に影響がなかった訳はないでしょう。

ただ、これはこれで膨大な資料があり、私もとても調べがついていません。影響は間接的でしょうから、検討はさらに難しくなるでしょう。一言だけ言っておくとしたなら、こういうことではないでしょうか。

――東京裁判については、それが憲法九条の成立に及ぼした影響よりも、九条を変えないまま今日にいたっているという、事後的な影響の方が重要かもしれない、ということです。これは今後の課題ということにして、ここは稿を閉じましょう。

「フウーッ」。研究もなかなか大変なものでしょう?

**ピンポイント解説**

**衆議院「総選挙」（制憲議会）の候補者を大量に排除**

**ＧＨＱ民生局文書**（1945年11月）
「日本国民を欺瞞し世界征服の挙に出る過誤を犯さしめた勢力を新しい議会から駆逐するため」、一定の範囲の者につき、立候補の「資格を剥奪する」。

**ＧＨＱ「好ましくない人物の公職よりの除去に関する覚書」**
（1946年1月4日）
「Ｇ　その他の軍国主義者及び極端な国家主義者、即ち
１、軍国主義政権の反対者を攻撃したり、その逮捕に寄与した一切の者。
２、軍国主義政権の反対者に暴力行為を加へるよう教唆したり、又は実際に加へた者。
３、日本の侵略計画に参加し、政府当局者として活溌且つ重要な役割を果した者、又は講演とか著作とか実際行動によつて、自分が好戦的な国家主義と侵略の活溌的な主唱者であることを表明した者。

《解説》
憲法は1946（昭和21）年の帝国議会で制定される。衆議院が同年４月に総選挙されるが（他方は非公選の貴族院）、直前にＧＨＱは公職追放を進めた。候補者の適性を審査し、大量の候補者を不適格とした。その影響は無視できない。

## 5　侵略戦争、防衛戦争とマッカーサー

この節ではズバリ、戦争放棄の話を扱います。「九条で放棄した戦争とは何か」という問題です。

よく小学生にもわかるなどと言われますが、そこまで簡単ではありません。しかし、ここでは特に簡単に書きますので、少しだけ我慢してお付き合い下さい。

「戦争」にはいくつか種類があって、侵略戦争、防衛戦争の二つはご存じかもしれません。他にもう一つ、第三のタイプがありまして、国連などが行う「武力制裁」がそれです。ただ、これが九条との関連で議論になるのは冷戦終結後のことですので、ずっと後の節（19節）でふれることにして、この節では侵略戦争と防衛戦争に話を限ります。

### 侵略戦争と防衛戦争

侵略戦争と防衛戦争の相違は、簡単なようで、実は線引きがきわめて困難でして、ここでは厳格な話には立ち入らないことにします。なにせ、事柄の性質からして国際法の世界ですから、日本語だけで考える訳にはいきません。

難しさの程度を想像してもらえれば充分でしょう。侵略は英語ではインヴェイジョンだと

思うでしょうが、そうではなく、アグレッションだというのですから、あとは推して知るべし、です。少し強引ですが、そういうことにして先に進めます。ゴメンナサイ。

単純化して言いますと、侵略戦争は領土などを奪うため、他国に攻め入る戦争です。それに対して防衛戦争は、それを防ぎ守るために行う戦争ということになります。とりあえずは、この理解で充分です。

憲法九条の「戦争」の放棄では、この二つについてどう書くかが焦点となりました。残念ながら、小学生でもわかるという具合にはいかない問題です。

さて、戦後の憲法制定作業ですが、大雑把にはこう進みました。――当初、マッカーサーは日本側に草案をつくらせてみたのですが、その案は自分たちの意向から大きく外れていました。また、他の連合国の関与を避けるには、作業を急がなければならない事情がありまして、GHQが直接、乗り出しました。そしてGHQが英語で草案まで書いたのです。

実は「日本側」には、二つの流れがありました。一方は、東久邇宮《ひがしくにのみや》内閣の副首相だった近衛文麿《ふみまろ》公爵が中心でして、「内大臣府」での検討です。他方は、後継の幣原《しではら》内閣の下に設けられた「憲法問題調査委員会」です。担当の松本烝治《じょうじ》国務相の名をとって、一般に「松本委員会」と呼ばれます。

同じような組織を、二つもつくる必要はありませんから、両者には対立が生じます。近衛の方は、彼が京大卒だったこともあって、京大の憲法教授・佐々木惣一《そういち》が中核となりました。

松本委員会の方は、松本本人がかつて東大の商法教授だったこともありまして、二つの組織の間には、京大系、東大系の学閥もからんだ小競り合いも生じています（児島襄『史録日本国憲法』）。学者の生態がうかがわれ、これはこれで興味尽きない面白いドラマなのですが、文字通り「割愛」して先を急ぎます。

また、マッカーサーがどうして近衛に依頼したのかということから、そんな依頼はしていないといった話なども出てきます。これも推理小説のようで面白いのですが、「割愛」します。本当に残念です。

結局は、二組織のうち松本委員会が主導権を握って、政府の方針をまとめていきます。日本政府の内部には、一部に「憲法改正の必要なし」との見解もあったくらいですから、全体に大幅な改正論は強くありませんでした。明治憲法を小幅に改正すればよい、との線で方針が打ち出されます。

しかし、日本政府の案はGHQから、保守的にすぎて「受け容れられない」と、ダメを出されます。ここでは焦点の、軍についての書きぶりだけを見ておきます。

甲案、乙案の二案が用意されるのですが、いずれにも《軍備を持たない》などという考えは、見られませんでした。甲案には「天皇は軍を総帥《そうすい》す」とあって、軍を存置させて、その上で統制できるように規定する、という考えでした。

それに対して、乙案の方には軍の規定がないのですが、軍備を持たないというのではなく、占領下なので、その方がGHQなどを刺激しないだろう、との考えからでした。将来、軍を持つ場合にも、特に憲法を改正せずに、法律によって軍を置きうるという認識でした（佐藤達夫『日本国憲法成立史』第二巻）。

このような松本委員会での検討のさなか、途中で案の一部が『毎日新聞』にもれ、GHQの知るところとなります。新聞社の「スクープ」ということになっていますが、諸説あって本当のところはわかりません。このくだりも推理小説のように面白く、ドラマなどでは詳しく扱われます。

ここでは全部割愛して、GHQの草案づくりに飛びます。日本政府の案は、天皇の権限など、帝国憲法の焼き直しにすぎないものであり、とても受け容れられない、ということではねられたのでした。そして運命の日が来ます。

一九四六（昭和二十一）年二月三日ですが、マッカーサーはGHQで草案を作成する決意を固め、民政局の部下に指示します。その際、盛り込むべき原則をいくつか示しています。これが「マッカーサー・ノート」でして、部下のメモ書きだけが残っています。

そのメモ書きには、一、二、三とナンバーがふってあって、三つに分けて書いてあります。一が天皇の地位、二が戦争の放棄、三が封建制の廃止ということで、「マッカーサー三原則」と言われてきました。

ただ、この点での研究が進みますと、別の見解が有力になりました。三番目の最後に、予算は英国方式にするとあり、封建制の廃止とはまったく別の事が一行だけ書かれています。私などにも、どうも腑《ふ》に落ちないところがありました。

そこで、マッカーサーの指示ははたして三つだけだったのか、との疑問が浮上してきました。詳しいものを見ますと、佐々木高雄・青山学院大教授らが、執念の調査を加え、どうも三原則に限られないことを突き止めていました（『戦争放棄条項の成立経緯』）。

この研究はたいへん説得力のあるもので、それを読んだ人なら「マッカーサー三原則」と断定的に言いません。単に「マッカーサー・ノート」と呼んでいるのです。指示された事項が三つ以上あったのが確実なのです。ただ、いくつだったのかがわからない以上、数字は言わない方が賢明ということです。

## GHQ内部で重大な修正がなされる

さて、ここでの焦点は二番目の戦争の放棄で、これが大問題です。マッカーサーは「紛争解決の手段としての戦争」を放棄するというだけでなく、念を押すように、日本は「自己の安全を保持する手段としての戦争」をも放棄すると書くよう、指示しているのです。メモ書きには、そうあって誤解の余地はありません。

こうなりますと、戦争の放棄の話は「小学生でもわかる」というレベルを超えてきます。それはそうでしょう。法律が、読んですぐわかるなら、大学の法学部など要らないのでして、少しは専門職的な要素がからんできます。

先の表現は、当時の国際法を意識した表現なのです。それは少数者に限られるでしょうが、事情に通じた人ならば、意味が明瞭なのでして、「紛争解決の手段としての戦争」とは、侵略戦争のことです。第一次世界大戦の後の一九二八年に、「ケロッグ＝ブリアン条約」とも呼ばれる「不戦条約」（戦争放棄に関する条約）が結ばれますが、そこにある表現なのです。

正確を期して、少しは条文も見ておきましょう。「国際紛争解決のため戦争に訴ふることを非とし」とあって、「国家の政策の手段としての戦争を放棄する」と続きます。そして、これが大事な点ですが、この条約が締結される際に、《自衛権は制限されませんよね》という、確認がなされています。戦争を放棄する、と言っても、自衛は別というのが、共通の理解になっていたのです。

とすると、マッカーサーが「自己の安全を保持する手段としての戦争」をも放棄と書かせようとした意図は明白です。

日本には侵略戦争はおろか、防衛戦争も認めないという方針だったのです。こちらの表現は、意識して読めば、高校生にはわかるかもしれません。

ところが、ここからドラマは大きく展開します。マッカーサーの「防衛戦争も不可」という方針が、途中で消えてしまうのです。ＧＨＱ草案（「ピンポイント」参照）や、現在の九条（本書6頁）と比べてみて下さい。どこが違うか、というと、「自己の安全を保持する手段としての」戦争も放棄という肝心の一節が抜け落ちているのです。どうしてでしょうか？

実は、これはGHQが草案をまとめる際に、彼の部下のケーディスらが意識的に削ったからです。ケーディスは多くの証言を残していますが、理由は、《そんなことを決めても無理に決まっているから》というものでした。

後はマッカーサーも認めたのでしょう。それを示す文書は残っていないようですが、本人がゴー・サインを出しているのですから、認めたという他には解釈のしようがない、と思います。

その後はこの線で制定が進んでいきます。「侵略戦争は不可だが、防衛戦争は可」という解釈ができる余地が、ここに生まれているのです。そうは言わない憲法学者は、この経緯を何らかの理由で重視しないか、重視したくないのでしょう。まさか、知らないという憲法学者はいないでしょうね。

ちなみに、当初のマッカーサーの指示に修正を加えて草案をまとめたケーディスは、別のことでも有名です。「女がほおっておかない」男ぶりだったそうで、鳥尾鶴代・子爵夫人と恋におちましたが、夫人は情報収集の任のために接近したとも言われています（週刊新潮編集部『マッカーサーの日本』下巻）。憲法の周辺には面白い話がたくさんあるのです。

**ピンポイント解説**

## マッカーサー・ノートとＧＨＱ草案の相違

**マッカーサー・ノート**（第２項目）
国権の発動たる戦争は、廃止する。日本は、紛争解決のための手段としての戦争、さらに自己の安全を保持するための手段としての戦争をも、放棄する。

**ＧＨＱ草案**
国権の発動たる戦争は、廃止する。いかなる国であれ他の国との間の紛争解決の手段としては、武力による威嚇または武力の行使は、永久に放棄する。

《解説》
　マッカーサーは部下に草案作成方針を伝えた際、「自己の安全を保持するための手段としての戦争」をも放棄とせよ、と命じていた。だがＧＨＱ草案では、その部分は削除され、単なる戦争放棄となっている。修正したのは部下のケーディス民政局次長で、「どの国家にも自己保存の権利」があり、その「権利を憲法で放棄するのは非現実的」と思ったためという。マッカーサーも認め、現行の９条となった。自衛の権利が認められたと読むことができる条文となったのである。

## 6　意外な党が「防衛は可」を主張

まずは前節の「おさらい」です。侵略戦争は不可であるにせよ、防衛戦争についてどう書くかが、憲法制定の時に焦点となりました。当初、「防衛戦争も認めない」というのがマッカーサー個人の方針でしたが、途中でGHQの部下が《いくらなんでも、それは無理》ということで、改めました。その結果「防衛戦争は可」と読みうるGHQ草案となりました。

この節の話はここからです。この密室での経緯は、当然、日本側に知らされていません。厳しいGHQの検閲の下にありましたから、日本側に漏れることもありません。

マッカーサーが部下に指示したのは一九四六（昭和二十一）年二月三日でした。英語での草案ができたのが十二日ですから、凄まじいスピードです。それを描いた一冊のタイトルは『日本国憲法を生んだ密室の九日間』（鈴木昭典著）とあります。

翌十三日、日本政府に提示されましたが、「戦争の放棄」という草案の条文を知らされただけで、GHQ内での作業の経緯はまったくわかりませんでした。マッカーサーが「防衛戦争も不可と書け」と命じていたのに、部下がそれを抑え、ただ「戦争の放棄」となったことを、日本側はまったく知らないままでした。今思うと、本当に残念なことです。

「防衛戦争もダメ」というマッカーサーの方針を、部下が変えたのは、法律論としては次のような考えによるものでしょう。

国内では、暴力は禁止とされていますが、警察が駆けつけるまでは正当防衛で対処するしかありません。仮に、正当防衛も「ダメだ」と法律に書いてあっても、力づくで襲われたら大半の人は黙っていないで、正当防衛に出るでしょう。

ただ禁じても、無理な法律は守られないということです。法哲学の難しい議論を引かなくても、常識でわかります。学問の世界でも、この常識を裏づける議論がなされています。

このことを、十九世紀にドイツ統一を成し遂げた鉄血宰相・ビスマルクは「緊急は法を破る」と言っています。無茶なことを法で定めても、いずれ破られるということです。さすがビスマルク、格好いいことを言っているものですね。

「正当防衛を禁じる」などと法律に書けないように、「防衛を禁じる」などと憲法に書いても仕方がない、というのが法の常識なのです。マッカーサーも部下に諭《さと》され、認めたのでしょう。それ以上は、当初の自説に固執しなかったようでして、これがＧＨＱ案となりました。

### 検閲で英文草案を隠す

さて、憲法制定作業のその後です。ＧＨＱの英語の草案を日本語に翻訳して、少しだけ手を加え、「日本政府の草案」としてまとめられていきます。先の『密室の九日間』では、ドラマ仕立てに、ＧＨＱのスタッフにこう語らせています。

――「われわれの草案は、日本政府によって書かれたものとして発表される。だから、彼らの表現を用いていなければ、疑いの眼を持たれるだろう」。「それは、当然だ。占領軍が被占領国の国内法を変えることは、国際法にもとることになるし……」。

秘密検閲により、英文の草案を隠したのはこの事情のためだったのでしょう。

三月六日には「憲法改正草案要綱」として発表されますが、その時マッカーサーは「深き満足を表する」と、これを支持し、了承する声明を発表しています。なかなかの役者ぶりです。自分たちでつくったものを認めるも認めないもないはずですからね。

後にマッカーサーの生涯が映画化された時、その役を演じたのはグレゴリー・ペックでした。映画『ローマの休日』で、王女の相手役の新聞記者を演じた名男優です。その彼をして、「マッカーサー役は難しかった」と言わせるほど、マック自身が演技に長《た》けていました。

ただ、その時のマッカーサーの声明には、「この原案は……日本政府と総司令部の関係当局内の忍苦に満ちた調査と数回に亙《わた》る会合ののちに、初めて生まれ出たものである」との表現もあります。「こういった表現からは……憲法草案が『米国製』、少なくともそこから誕生したものである事情がうかびあがってくる」と、後に作家・児島襄《こじまのぼる》が書いています（『講和条約』第一巻）。

当時の人々でも、じっくり新聞を読んだ人なら草案ができた事情がわかったことでしょう。草案が「上から与えられた」というだけでなく、「外から与えられた印象がある」（南原繁）

などと言われ、いろいろな場で日本政府草案の経緯が疑問視されています。

いずれにせよ国民は、翌三月七日の新聞報道で、「戦争の放棄」という草案の内容を初めて知ったのでした。そこには「戦力の不保持」も、「交戦権の否認」も入っていましたから、ショッキングな内容と受け取られたことでしょう。そして四月十七日には、完全に条文化されて、「日本政府草案」として発表されています。

この間、戦後初の衆議院総選挙が行われています。四月十日のことで、大量に候補者が公職追放にあった末での選挙でした。自由党が第一党となり、鳩山一郎首相誕生と思われたその瞬間に、鳩山自身も公職追放となった、あの総選挙です。代わりに首相となったのが吉田茂です。

まだ旧憲法が生きていましたから、貴族院と衆議院からなる帝国議会でした。そこでは、立派な議論がなされています。

まず冒頭で、共産党が審議延期の動議を提出しています。草案作成に国民の意向を反映する配慮が欠けていたことなどを、理由にしていました。草案作成の経緯は、これまで見てきたようなものでしたから、妥当な批判でした。しかし、起立少数でこの動議は否決されています。残念でしたね。

貴族院では、公職追放にあった議員がいましたから、その欠員を埋めるため、多くの学者が補充されていたことも、議論のレベルを高めました。

東大から南原繁《なんばら》、高柳賢三、髙木八尺《やさか》、牧野栄一、宮沢俊義《としよし》、京大から佐々木惣一《そういち》、慶応から浅井清といった、公法学、政治学のそうそうたる顔ぶれです。ここでの議論を見るだけで、憲法九条の主要な論点がすべて出ているのに驚きます。

検閲がありましたから、報道は制限されていました。しかし、議会審議それ自体は自由だったのです。もっとも、公職追放がありましたから、心の中でそれをおそれていた議員は、自由に議論できなかったでしょうが……。

**共産党、社会党の議員が自衛戦争を肯定**

さて、注目しなければならない発言はたくさんありますが、スポットをあてるべきは共産党、社会党の主張でしょう。何せ後に「護憲」派の中核となる両党が「ただの戦争放棄ではダメ」、「自衛戦争は肯定すべき」と主張しているからです。

六月二十六日に社会党・鈴木義男議員がこう言っています。「戦争の放棄は国際法上に認められて居りまする所の、自衛権の存在までも抹殺するものでないことは勿論《もちろん》であります」。

東北大で憲法・行政法を担当した学者議員の、立派な発言です。

条文からして不戦条約の意味での戦争と理解し、正確に「自衛は別である」と説いているのです。ただ、鈴木議員は社会党といっても、後に民社党に参加した人ですから、「護憲」派の前身というのは、適切でないかもしれません。

その点で疑問の残らないのは、共産党の野坂参三《さんぞう》議員です。六月二十八日にこう発言しています。「侵略された国が自国を護る為の戦争は、我々は正しい戦争と言って差支えないと思う」。九条は「侵略戦争の放棄」とするのが的確だ、と。――それこそ実に的確で、GHQ内部での草案の変化を意識したような発言です。

共産党はこれを党の憲法案に盛り込んでいます。「日本人民共和国憲法」（草案）の五条にはこうあります。――「どんな侵略戦争をも支持せず、またこれに参加しない」と。現行の憲法九条より曖昧さがなく、今、共産党がこう改正すべきだと主張してくれれば、面白いですね。

さて野坂議員のこの質問にはオマケも付いています。次の吉田首相の答弁も見逃せません。「〔野坂議員は〕国家正当防衛権による戦争は正当なりとせらるるようであるが、……有害だとして、こう述べています。

――「近年の戦争は多くが国家防衛権の名において行われたることは顕著なる事実であります。故に正当防衛権を認めることが偶々《たまたま》戦争を誘発する所以《ゆえん》であると思うのであります」と。つまり、自衛権も行使できないという立場です。

自由党は、保守合同で今の自民党となった党ですから、「改憲」派の前身だとしますと、「護憲」「改憲」がすっかり逆になっていたのがわかります。日本側でも「侵略は不可、防衛は可」と主張する勢力があった、しかも、それが共産党だった、ということなのです。

共産党については、ＧＨＱの検閲と交錯する、面白いエピソードがあります。江藤淳氏の後、西修・駒大教授がアメリカで調査し、憲法関連で具体的にどんな印刷物が発行禁止や削除の対象とされたかを発表しています（『日本国憲法成立過程の研究』）。

そこに、先の野坂参三議員の発言にふれた共産党の神山《かみやま》茂夫氏の『古きもの・新しきもの』（社会書房、一九四八年）という本が出てきます。出版社から提出されたものには、「正義の戦争を放棄すべきでない」。「同志野坂が議会で党を代表して主張したことは、実はこのことなのであります」とあって、検閲で前後がバッサリ「不承認」とされています。

実際にどうなっているのか、私は日本で国会図書館の蔵書にあたりました。ところが、何と、そのまま出ているのです。想像でしかありませんが、新聞などはともかく、少部数の書籍まではＧＨＱの追跡調査も行き届かず、おとなしく引き下がらない出版社の中には、そのまま出したケースもあるということでしょう。

間違っているかもしれません。真相を突き詰めるのは、かくも難しいのです。事情をご存じの方には、ご教示いただければ幸いです。

**ピンポイント解説**

## 共産党は憲法制定時には防衛戦争を肯定

**制定時の防衛戦争肯定論**

「侵略された国が自国を護る為の戦争は、我々は正しい戦争と言って差支えないと思う」。９条は「侵略戦争の放棄」とするのが的確だ（野坂参三議員発言、1946 年６月８日）。

**制定時の共産党の憲法草案**

「平和愛好国と緊密に協力し、民主主義的国際平和機構に参加し、どんな侵略戦争をも支持せず、またこれに参加しない」（共産党「日本人民共和国憲法〔草案〕1946 年６月）。

《解説》

　共産党は今では「護憲」勢力の中核と思われているが、憲法についての姿勢は単純でない。天皇制などの問題で極めて複雑だった。９条に限ると、制定時には防衛のための戦争は肯定せよ、との立場から明確に反対していた。独自の憲法草案もそれに近い立場であった。長らく社会党（現社民党）などと異なって、「現在の憲法を絶対視」しないという立場であったのである。だが、2004（平成 16）年から公式的には「全条項」を守るとなった。しかし、その意味は単純ではない。

## 7　芦田修正と本人の意図

九条論も佳境に入ってきました。このところ話題の九条解釈に直接かかわる論点です。5節で見たマッカーサー・ノートとGHQ草案の相違も重要ですが、それに劣らない眼目がこの節のテーマです。一九四六（昭和二十一）年四月から十月の帝国議会の審議の中で、芦田均《ひとし》（後に首相）がある修正を加えたのですが、それによって九条の意味が大きく変わりかねないこととなった件がそれです。

「芦田修正」と呼ばれますが、興味津々《しんしん》たるエピソードがたくさんあって、小説が書けそうなほどです。本人が時期によって違う説明をしていたり、芦田の日記につき捏造《ねつぞう》の新聞報道が出てきたりするのです。硬い話も少しありますが、面白いですから、そこはちょっと我慢して読み進んで下さい。

### 僅かの辞句の修正で重大な変更か

日本政府の憲法案は、GHQの英語の草案を基にしていましたから翻訳調で、日本語としてこなれていませんでした。そこで衆議院の小委員会で、厚相の芦田が中心となって文章をいじり、最終的に現在の九条のようにしました。

肝心の修正を、芦田は「進歩党の提案」によるものとも説明していますので、どこまでが芦田個人の考えか、判然としないのですが、後に本人が主導権を発揮したように語っていますので、ここでは芦田による修正として話を進めます。

九条の内容は結局、一項が戦争の放棄、二項が戦力不保持・交戦権否認となったのですが、二項の冒頭に「前項の目的を達するため」との文言が入りました。その結果、放棄した「戦争」が侵略戦争だけということならば、戦力不保持も交戦権否認も、防衛については別であり、可能だという解釈が生じる余地が出てきたのです。

芦田も後に《そういう意図で変えた》と語っていますが、修正提案の説明の時はそう語っていませんでした。そのため、本人が語った「意図」は、都合のよい事後の説明との受止め方がなされました。

芦田の意図はともかく、まず条文が重要なことは間違いありません。ここでは、そのことを検討していきます。小学生でもわかる、とはいきませんが、難しくはありません。

芦田修正によって《防衛のための軍備は可能になった》との解釈が生じる余地が、はっきりしてきたのです。当時、戦勝国側にもそう解釈した国がありました。このような芦田修正がなされたのは、《日本が将来、再軍備をする気だからだ》と読んで、反応した国があったためです。この事実は無視できません。

その証拠も残っています。芦田修正を受けて、連合国の極東委員会の強い指示で、最後の段階で入れられた「文民条項」（シビリアン条項）がそれです。

ただ、どういう訳か、この線での解釈は当時も今も政府解釈となっていませんし、日本の憲法学界でも少数説にとどまっています。ＧＨＱ草案の場合と同様、しばらくは経緯が伏せられていましたから、仕方がない面もありますが、明白になった時点で変わってよかったようにも思います。そうでない辺りが、戦後日本の特異な点です。

ここで連合国というのは、アメリカに限られません。第二次世界大戦で日本と戦った国のことでして、ソ連、イギリス、フランス、中国などです。これら十一カ国が極東委員会を構成していました。

憲法については次第にこの極東委員会の所管とされる方向で固まっていくのですが、それでは困ると考えたマッカーサーは、先手を打ちました。急いでＧＨＱ草案をまとめたのです。極東委員会の発足前に筋道をつけてしまおう、というのでした。超スピードでの草案作成は、極東委員会の介入を最小限にとどめるためだったのです。

## 芦田の決定過程での説明と事後の説明

少し詳しく見ていきます。――新憲法案は、公式には憲法改正の手続きで進められましたから、形式上は旧憲法の「改正案」でした。一部の審議が小委員会に委ねられ、委員長に芦田が起用されたのです。

ここでも議事録は作成されていたのですが、公表が許されず、長い間、部外者には正確なことはわかりませんでした。委員会のメンバーはそれぞれ自分なりの説明をしており、芦田の場合ですと、公布から十一年後の一九五七（昭和三十二）年末に憲法調査会を前にこう述べています（佐藤達夫『日本国憲法成立史』第四巻）。

「私は一つの含意をもってこの修正を提案いたしたのであります。『前項の目的を達するため』という辞句を挿入することによって、原案では無条件に戦力を保有しないとあったものが、一定の条件の下に持たないということになります。日本は無条件に武力を捨てるものではないということは明白であります」。

これが有名な芦田の事後の説明ですが、それに対しては当然のように《後から付けた理屈にすぎない》との反発が出ました。提案の時に明言していなかったからです。

小委員会で芦田が実際にはどう説明していたのかは、長い間、曖昧になっていました。議事録が公表されていなかったからです。事実の一端が明らかになったのは、英語の議事録が公表された時です。日本語でなされた会議なのに、英語に訳された議事録が先に公表されたのです。

ご苦労な話ですが、一九八三（昭和五十八）年に村川一郎・西修両氏が、日本語に訳して公刊しました。しかし、それでも芦田の「意図」は確認できませんでした。そして一九九五（平成七）年に日本語の速記録が公表された時もまた、結局、芦田の「意図」は確認できませんでした。芦田の胸中は「藪《やぶ》の中」となったのです。

その間には日記捏造《ねつぞう》報道まで生じました。一九七九（昭和五十四）年三月十二日、『東京新聞』がこう報じたのです。――芦田の日記が一部公表され、「小委員会の提案は自衛権の行使は別であると解釈する余地を残したい、との配慮からでたものである」とはっきり記されている、というのです。

ところが後に、その芦田の日記が岩波書店から刊行されたのですが、それをみると、当該の日にも他の日にも、そのような記述は見当たらないのでした。東京新聞は改竄《かいざん》を認め、訂正記事を出しました（西修『ドキュメント日本国憲法』）。

こういうことで、提案の時点では芦田にその意図はなかった、というのが真相だったように私は思います。ただ、そのすぐ後の最終段階で、修正により条文の意味が変わることを芦田が認識したフシがあります。法制局官僚として制定作業に関った佐藤達夫がこう書いているのです。

「小委員会の修正案が最後の形でまとまるときに、わたしは芦田小委員長に、『こういう形になると、自衛のためには、陸海空軍その他の戦力が保持できるように見えて、司令部あたりでうるさいかもしれませんね。』と耳うちしたところ、『なに大丈夫さ。』というようなことをいわれたのを覚えている」というのです（『日本国憲法誕生記』）。

そして芦田は、一九四六（昭和二十一）年に憲法公布に合わせて出版された著書『新憲法解釈』で、実にイミシンな文章を書いています。これまでの文脈をおさえて、じっくり読むと、佐藤の示唆を受けて自覚し、その延長上で、明確な解釈を開陳《かいちん》しているように読めるのです。最近、書肆《しょし》心水《しんすい》という出版社から再刊されましたので、私も改めてじっくり読み直しました。すると、《これがどうして、注目を集めないできたのかなあ》という感慨が湧いてくるような内容なのです。

『新憲法解釈』は、私も最初は図書館でオリジナルの関連部分をコピーして、慌《あわ》ただしく読んだのでしたが、ゆっくり読むと、オヤオヤという印象になりました。いいですか、こういう文です。急がずに読んで下さいね。

――「第九条の規定が戦争と武力行使による威嚇《いかく》を放棄したことは、国際紛争の解決手段たる場合であって、これを実際の場合に適用すれば、侵略戦争ということになる。従って自衛のための戦争と武力行使はこの条項によって放棄されたのではない」。

さらに国連の武力制裁を念頭においた文章でしょうが、こう続きます。

――「侵略に対して制裁を加える場合の戦争もこの条文の適用以外である。これ等の場合には戦争そのものが国際法の上から適法と認められているのであって、一九二八年の不戦条約や国際連合憲章においても明白にこのことを規定しているのである」。

これも事後といえば事後ですが、一九四六（昭和二十一）年の憲法公布の時点での文章なのです。今読むと、拍子抜けするくらい芦田修正にそった解釈となっています。

「歴史探偵」のマネゴトをして、私の結論を書いておきます。

芦田本人は提案した時点では無自覚だったが、途中で、佐藤達夫などの助言で別の解釈の可能性が開かれたことに気づき、憲法公布の時は、その解釈を公にした。

連合国側について言いますと、アメリカ、GHQは、すでに防衛戦争は可という線で動いていましたから、芦田修正に文句はつけませんでした。他の連合国の判断は極東委員会の動きからわかります。極東委は、この修正の意味するところを推測しながらも、それを認め、それなら文民条項を入れよということになった、ということです。

もう何も付け加えることはありません。公布の時点で芦田のこの文章が公にされたのですから、どうして、その後、この線での九条解釈が主流にならなかったのか、不思議でなりません。政府関係者や憲法学者の皆さんに教えてもらいたいですね。

**ピンポイント解説**

## 戦争の３類型

### 戦争の類型とその特徴

| 分類 | 説明 |
|---|---|
| 侵略戦争 | 領土などを奪うため他国に攻め入る戦争。現代では、戦争放棄という時の戦争の意味はこれだ。国連憲章で禁止されている。 |
| 防衛戦争 | 侵略された側が、自国を守るためにする戦争。国連憲章は是認している。 |
| 武力制裁 | 侵略国に対し、国連などが国連加盟国の協力を得て、揃って行う制裁。 |

《解説》

憲法９条で放棄した「戦争」とは何か？――これは意外と難しい。戦争には、①侵略戦争、②防衛戦争、③武力制裁の３類型があり、一般の人にとってはみな戦争だが、国際法や憲法では単純ではない。憲法制定時にも線引きが問題となった。マッカーサーは侵略戦争だけでなく防衛戦争も不可とする方針だったが、途中で部下が「防衛戦争も不可」の部分を条文から外した。他の連合国も芦田修正で「防衛」は可能になったと判断し、文民条項を要求した。

## 8 「講和」と憲法九条

少しスピードを上げ、この節では、憲法制定の後、講和の時期までを扱いましょう。

憲法は一九四六（昭和二十一）年十一月に公布され、翌年五月に施行されました。ただ国際情勢は、終戦からの数年で大きく変わり、誰にも米ソ冷戦が実感されるようになります。

憲法も制定が数カ月遅れたら、九条もまったく別のものになったでしょう。そのことは、「もう一つの敗戦国」ドイツと比べてみると、一目瞭然です。

戦後すぐ、ソ連は着々と東欧を共産化し始めました。ポーランドでの「自由選挙」を約束していたのですが、それを反古《ほご》にしたのが最初です。そのような動きに対しアメリカは「トルーマン宣言」を発して、断固たる姿勢を表明します。一九四七（昭和二十二）年三月のことで、日本の憲法が公布されて数カ月後のことです。施行が五月ですから、「冷戦」になるとわかっていたら、別の展開になったでしょう。

ドイツでは、冷戦によって東西ドイツに分裂し、二つの国家が誕生しています。西側の国が西ドイツですが、一九四九年に制定された基本法（憲法）には、「九条」のような条項は盛り込まれていません。連合国が警戒していたのは、程度で言うなら、「軍国日本」よりは「ナチス・ドイツ」だったはずなので、タイミングの相違ということでしょう。

**アメリカは態度を急変させ、再軍備を要求**

冷戦となると、アメリカは一転して日本にも「再軍備」を求めるようになったのですが、同じ敗戦国でも西ドイツは、制定が少し遅れたため、初めから別のコースをたどりました。米ソ冷戦が勃発してからの憲法制定作業でしたから、最初から再軍備を想定した内容になりました。

なにせドイツは、冷戦で東西に分裂する憂き目にあい、さらに首都のベルリンが東西に分断され、西ベルリンが「封鎖」されるという事態の中で、憲法が制定されたのですからね。名称からして、暫定的な性格を強調すべく、「基本法」とされました。

欧州を舞台にした冷戦は、数年でアジア、そして日本にも影を及ぼしてきます。中国大陸では内戦の末、共産党側が勝ち、一九四九年十月に中華人民共和国が成立しました。ジワリと東側の圧力が強まったのでして、翌一九五〇年六月には朝鮮戦争が勃発します。「冷戦」が「熱戦」に転化したのです。

こうなるとアメリカ側は、日本への姿勢をはっきり変化させます。日本に「再軍備」を要求してくるのでして、一九五〇（昭和二十五）年八月に警察予備隊が設置されます。これが一九五二（昭和二十七）年には保安隊に改組され、さらに一九五四（昭和二十九）年には自衛隊発足にいたります。これは大学入試あたりでも頻出事項のようで、よく知られています。

最初の保安隊が創設された時はまだ占領下でしたので、ＧＨＱは「政令」によって日本政府に設置を命じるという形をとりました。法律ですと、国会での紛糾《ふんきゅう》が懸念されましたので、それを回避する方策をとったのです。

俗にいう「ポツダム政令」です。ポツダム宣言受諾に伴う命令でして、日本政府は拒否できないものでした。その結果、事実上の「再軍備」が、日本側の決断なしに始まったのでした。この後、憲法九条につき苦心の解釈が続きますが、それは後に（18節ほか）ふれます。

アメリカの姿勢は、憲法制定の前と後では手のひらを返すようなことになったのでして、これでは日本側に戸惑いが生じて当然です。当時のことを調べていますと、「アメリカに見通しの誤りを認め、公式に謝罪してもらいたいものだ」という感慨が湧いてきて、その感情を抑えがたくなります。

実際、ある重要な人物がその感情を書き残してくれています。GHQとの交渉役として、この時期にいろいろな場面に立会っている白洲《しらす》次郎がその人です。写真などで見ると実にカッコいい人物で、ドラマでもよく取り上げられますから、記憶されている方も少なくないでしょう。その白洲が一九四七（昭和二十七）年にこう書いています（『文藝春秋』十一月号）。

――アメリカは日本の憲法に戦争放棄を盛込んだ当時、「日本の永久の非武装を強調したが、今は……事情が変ったから軍備をしろ」といっている。「無防備でいることは自殺行為だときめつけて」いるのだが、それでは「大部分の日本国民は納得しない」と。

さらにこう続きます。――再軍備の問題では、日本の「国民に次のことをはっきり説明して、納得さす必要がある。……憲法制定当時の米国の対ソの見通しは、日本に関する限り間違っていたこと」だ。アメリカ人らしく「率直に大胆に政策の失敗を認めて貰《もら》うわけには行くまいか」と。

## アメリカは日本にお詫びをした

実際にはアメリカがどうしたかというと、今ではごく少数の人にしか知られていませんが、白洲がこう書いた翌年、アメリカ政府は明確な言葉で謝罪しているのです。ただ、どういうわけか日本政府側が、この事実をよく歴史に記録せず、広報していないので、多くの人が知らないだけです。

詫《わ》びたのは、当時、副大統領だったニクソン（後に大統領）でして、一九五三（昭和二十八）年に来日した際、十一月十九日の日米協会での演説でこう述べています。ここではその一節を拙訳で引いておきます。

「もし非武装化が一九四六年（制定の年）においてのみ正しく、一九五三年の現在、誤りだとするなら、なぜ合衆国はいさぎよくその誤りを認めないのでしょうか。私はこれから、公務についている者が果たさなければならぬ務めを一つ果たそうと思います。今日ただいまこの場所において、私は合衆国が一九四六年に過ちを犯したことを認めます」。

英語の原文は、ある学術的資料集（細谷千博ほか編『日米関係資料集』）には収められているのですが、定訳がないらしく、そこにも日本文がありません。不思議なことで、これでは大半の人が知らないのも当然でしょう。

ただ、当時はそれなりに知られていたようでして、著名な政治学者・丸山眞男《まさお》が同じ年の講演でこう語っています。ニクソンが「戦争放棄条項を日本の憲法に挿入させたのはアメリカの誤りであった、という有名な談話を発表した」と(『後衛の位置から』)。

どうも憲法九条の話となると、この種の不思議な話が多く、後世に伝わらないでいることがたくさんあります。この謝罪の言葉など、忘却されないよう、しっかり訳文を作成し、残しておいていいのではないでしょうか。そうでないと、後の世代にはすぐ忘れられてしまいます。日本政府・外務省の広報下手は改めてもらいたいものです。

同じような話は、実はもっと単純で重大なことにも見られます。「講和条約」(平和条約)の発効のことです。戦争状態を最終的に終結させる条約ですから、高校の歴史教科書にも一九五一(昭和二十六)年九月にサンフランシスコで調印されたと書いてあります。

ところが、いつ発効したかにはトンと関心がないようで、私が調べた時には、どの教科書にも記述がありませんでした。「珍事」という他ありません。きちんと翌年四月二十八日発効と書いてもらいたいものです。そうでないと、いつ日本が独立を回復したのか自覚できないのではないですか?

もっとも一九五二(昭和二十七)年の当日も、あまり祝賀ムードは盛り上がらなかったようです。「祝講和」の提灯《ちょうちん》を掲げ、客を待つバーやキャバレーもあったが、商戦は空振りに終わった、といわれます。

講和論争があって、政府が進めた「多数講和」に対する反対論がある程度、支持を集めていたからでしょうか。ソ連などとの講和は後回しになってもいいから、大半の国と講和を結ぼうという「多数講和」論は、「単独講和」などと呼ばれ、評判がイマイチでした。対する「全面講和論」はとにかく全部の国との講和を、というわかりやすい議論でした。

全面講和にこだわっていると、独立回復が遅れるのですから、とにかく早期の講和をという「多数講和論」は「早期講和論」でもあったのですが、どうやら当時はその辺をうまくアピールできなかったようです。政府・与党のＰＲ不足、対する野党の宣伝上手という構図は、当時も今も変わらないようです。

さて、第二次安倍内閣になって初めて、この日が独立回復の日と定められ、二〇一三（平成二十五）年には記念式典が行われました。しかし、とり残された沖縄にとっては「屈辱の日」だということで、国を挙げての祝福とはなりませんでした。沖縄の件も含め、記憶を明確にする方が大事だと思うのですが、どうも戦後のわが国では、この種の問題がスンナリ解決されません。

## 日本の《再軍備》

自衛隊に話を戻します。創設時の首相は吉田茂ですが、アメリカに対して日本の貧弱な経済条件を理由として「再軍備はしない」という態度を貫きました。しかし自衛隊を軍でないというのは苦しく、徐々に「再軍備」を進めたとも言えるでしょう。吉田の手法は《高等戦術》とでも呼ぶしかないものでした。

折しもこの数年、集団的自衛権をめぐって政府の憲法解釈の変更の是非が争われてきましたが、警察予備隊、保安隊、自衛隊のどれも九条の禁じる「戦力」ではないことになりました。当初は一切の戦力の不保持と言っていたのですが、自衛隊創設の時には、禁じられているのは「近代戦争遂行に役立つ程度の装備・編成を備えるもの」とされました。

この解釈も数年でさらに変更されるのですが、一切の解釈変更を認めないという人たちは、これをどう説明するのですかね。

すでに何度か解釈を変更しているのに、二〇一五（平成二十七）年の集団的自衛権の時は、初めての解釈変更のように語る人が多く、不思議な想いで聞いたものです。それは後の節で詳しく述べます。

## ピンポイント解説

### アメリカの判断ミスとお詫び

**「1946年の過ちを認めます」**

**合衆国副大統領**（ニクソン、1953年）

「私はこれから、公務についている者が果たさなければならぬ務めを一つ果たそうと思います。今日ただいまこの場所で、私はアメリカ合衆国が〔日本国憲法制定の年である〕1946年に過ちを犯したことを認めます」。

《解説》

アメリカの政策転換がハッキリしているのに、お詫びもないのでは「日本国民は納得しない」と、交渉に当たった白洲次郎は1952（昭和27）年に書いている。ただ、アメリカ政府がその後もお詫びしなかったのではなく、1953（昭和28）年に、来日したニクソン副大統領が「過ちを犯したことを認める」と言っている。当時はそれなりに報じられたようだが、今ではすっかり忘れられている。公式の訳文すら存在しない。都合の悪いことは歴史に書かないという、戦後日本のメディアの悪弊《あくへい》だ。

## 9　日米安保と憲法九条

雑誌連載中に集団的自衛権が政局のテーマになりましたので、途中で一度、ズバリ日米同盟と憲法九条の関係を扱ったことがあります。この節は、その時の原稿が元になっています。他の節と少し調子が違いますが、間奏曲のような感じで、それも良いのではないかと思い、あまり変えずに収めることにしました。

集団的自衛権の問題は、論じ方の如何《いかん》に左右されるところが大きく、いきなり法律論に入ると、解釈変更反対論者の術中に嵌《はま》ることとなりかねません。注意が必要です。

問題の核心には、「日米関係をどうするか」があるのですから、議論をする時は、最初は憲法を離れ、必ず日米同盟の在り方についての考えを述べてもらいたいのですが、そうなっていないのが困るところです。本来、この点こそが肝心要《かなめ》なのでして、法律論はその後にしてもらいたいものです。

この問題では少なからぬ識者が、「集団的自衛権の行使を容認したいのなら、解釈変更ではなく明文改正を」という、実にもっともらしい主張を口にしています。しかし、この主張の前段階には、自分が行使を容認したいのか否かの問題があるはずでして、それをすり抜け、答えないでいるのでは議論が成り立ちません。

「行使できないままにしておきたい」というのがホンネなら、率直にそう言ってほしいものです。しかし、明白にしないでおくのが、わが国の九条擁護論者のテクニックとなっています。特に政治家の場合はそうです。たとえば民主党（現民進党）幹部なら、その点の態度を明らかにすると、憲法改正の賛否の議論に直結して困るのですが、黙っていれば「解釈変更反対」だけとなり、気楽なのです。

逆に、行使できるようにしたいと考えているが、憲法改正をすべきだと思うのなら、「一緒に憲法改正に取り組みましょう」と呼びかければよいはずです。それを避けているようでは国民は政治から遠ざかっていくのも仕方がないかもしれません。

## 「ああ言えば、こう言う」の世界

こういうことを言うのは、憲法九条が「ああ言えば、こう言う」の世界になっているからです。もう少し、ストレートに語ってもらわないと、主権者たる国民を憲法論議から遠ざける結果になるので、残念なことです。「憲法を尊重する」という人こそ、もっとフェアな言論を心掛けてもらえませんかね。

この節のテーマは九条をめぐる言論戦の核心部分ですので、趣向を変え、説明ではなく、いきなり主張を含む言説を紹介していくことにします。そうでもしないと、とても書ききれません。

戦後日本は、幸いにも戦禍《せんか》を免れてきましたが、それは憲法九条のためであるよりは、日米同盟と、漸進的な自衛力整備のためだったと、私は思います。その理由を最も簡潔に述べた言葉としては、京大教授だった田中美知太郎氏の右に出るものはありません。

「平和憲法だけで平和が保障されるならついでに台風の襲来も、憲法で禁止しておいた方がよかったかも知れない」（『今日の政治的関心』）――という言葉です。何も説明を加える必要のない見事な言葉です。

たとえば、北朝鮮と境界を接している韓国に対し、《韓国も憲法九条を持ちなさい。それで円く収まります》と言って、本当に聞いてもらえると考えているのでしょうか。

「九条によって平和が確保されてきた」と言う人もいますが、私はそこに偽善を感じる者です。少し言葉がすぎますかね。

そのことを巧みに表現しているのはイギリスの作家オーウェルです。「パシフィスト（絶対平和主義者）が暴力を『放棄』できるのは、誰か他の人が代りに暴力を行使してくれるからにすぎない」（『水晶の精神』）と。

イデオロギーの信奉者は、それぞれ不都合な事実を認めたがらないのですが、絶対平和主義者の場合、自分たちの代わりに誰かが力を行使してくれていることで世の中が成り立っている現実に、目を塞《ふさ》いでいるというのです。

在日米軍と自衛隊の力が抑止力となっていたので、他の国は手出しできなかっただけ、というのが事実で、それを直視しないといけないと思います。

最近は改憲派の出方に応じ、護憲派も議論の重点を変えており、論点も広がっています。忙しいようですが、順番に見ていきましょう。

まずは、九条の「理想」を強調していた頃の問題点です。少し前までの護憲派の憲法学者は、非武装の理想を語るのに忙しく、現実に合わせて理想を捨てるなという主張でした。そこには、立憲主義の精神に反することになっても構わないという感覚が、垣間《かいま》見られました。

しかし、そこで考えてもらいたいのは次のことです。――「緊急は法を破る」という格言のように、非現実的な法律を放置しておくと、いざという時にその法律は破られる、ということです。だから法は現実を踏まえたものにしておかなければならないのです。法律で理想を掲げても、裏切られるだけです。

先に憲法制定過程の検討で確認しましたが、マッカーサーは「自己の安全を保持するための手段としての戦争をも放棄」とせよ、と部下に方針を示していました。しかし、部下のケーディスがその部分を削除して、GHQ草案をまとめました。法律家のケーディスにすれば、「どんな場合でも暴力は禁止」と法律で決めても、正当防衛の局面になれば大半の人は力を行使するのです。無理な法は、緊急の場合には破られるのです。

## 正当防衛からの類推で理解できる

それと同じで、外国から侵略されれば、憲法が一切の戦争を禁じていても、国民は戦うでしょう。

ここから、話は集団的自衛権に移りますが、何も難しいことはありません。正当防衛からの類推だけで充分です。

仮に正当防衛について、それを強引に「当の本人に限る」と規定したらどうでしょうか？

――やはり「緊急は法を破る」ことになるのではないでしょうか。妻が暴漢に襲われれば、一緒にいる夫は戦うでしょう。仮に夫がそれをしない場合には、その夫婦は破局となるでしょう。

日米同盟のような国家間の関係も、暴漢に襲われた夫婦と類似の関係にあります。アメリカは日本を守っているのですが、そのアメリカの艦船が日本の近海で攻撃され、近くにいた海上自衛隊の艦船が何もしないとしたら、どうなるでしょうか？

たまたまアメリカが、これまで日本にそれを強く求めないできたので、変則的な同盟がそのまま続いてきましたが、今ではそれは不自然きわまりないものとなっています。アメリカ側の日本への期待も、はっきり変わってきているのです。

放置しておくなら、イザという時に、日米関係はすぐに破局となるでしょう。具体的にイメージを浮かべていただくには、アメリカでの「日本商品ボイコット」がいいでしょう。

集団的自衛権をまったく行使できないままでは、大変な事態となりかねません。多少は「常識」に即して、日米安保条約での協力を対等に近いものに改めておきたいというのが、集団的自衛権の行使容認の話なのです。現状があまりにも変則的なものなので、部分的に変えようというだけの話です。

それを平時にしておかないと、有事には大変なことになるので、憲法を守れるものにしておかなければならないということです。ドイツの憲法学者ヘッセの言葉に、「憲法は平常時においてだけでなく、緊急時および危機的状況にあっても真価を発揮しなければならない」という言葉があります（『ドイツ憲法の基本的特質』）。《平和な時だけの憲法遵守》ではだめなのです。

最近は護憲派の憲法学者が「解釈改憲」反対を言い、「立憲主義」を言っていますが、自衛隊はどうなのですか？　日米安保はどうなのですか？――「違憲」だというなら、自衛隊解散、日米安保解消を併せて主張しないと、一般の国民は真の争点を理解できないのではないでしょうか。

憲法学者とは別に、国民世論でも「憲法改正反対」が根強いですが、世論レベルではいつの間にやら、自衛隊も日米安保も合憲ということになっています。つまり、世論は《現状のままで、いいではないか》というトーンからの「改憲反対」となっているのです。

そういう点をはっきり確認して、自分はどうなのかを明言して、同じ土俵できちんと議論したいものです。呼称は軽視できないのでして、正確を期さないといけません。

憲法制定の過程を詳細に見てきますと、集団的自衛権の限定的行使に伴って提起された解釈変更は、けして無理なものではなく、「解釈是正」と呼ばれてしかるべきものだと思うのです。「解釈改憲」などという決めつけだけでは、いけないと思います。

また、日米同盟を認めるなら、ただ反対ばかりしていないで、一度、アメリカ国民の立場に立って考えてみてもらいたいものです。ボイコットにあって初めて、というのでは遅いのではないでしょうか。

先に田中美知太郎氏の言葉を引きましたが、その言葉を探しながら、その本をいろいろ読み返しました。他にも、時局にピッタリの良い言葉がありました。

「過去がいつまでも現在を支配するということ、死んだ人間が生きている人間を支配すること、これが法律だけで政治を考えようとする人たちの立場なのである。憲法をはじめ、すべての法律は本来的には時限的なもの、時効のあるもので、これを延長すべきか否かは、時間をおいて考え直す余地のあるものでなければならない」。

法律論に終始していてはならないことが、上手に説かれており、感服した次第です。

## ピンポイント解説

### 日米安保条約と米韓相互防衛条約

**日米安保の非対称性**

**日米安保**

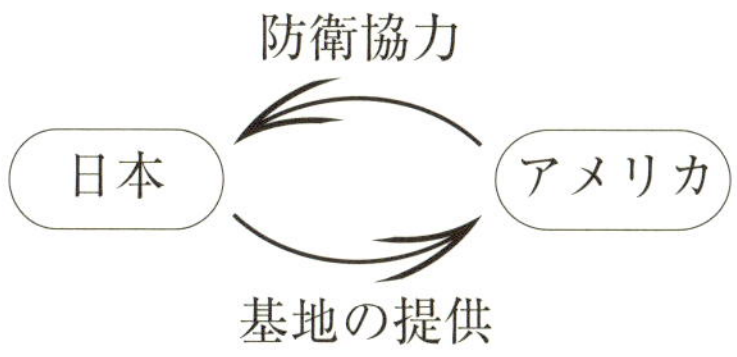


**米韓相互防衛**

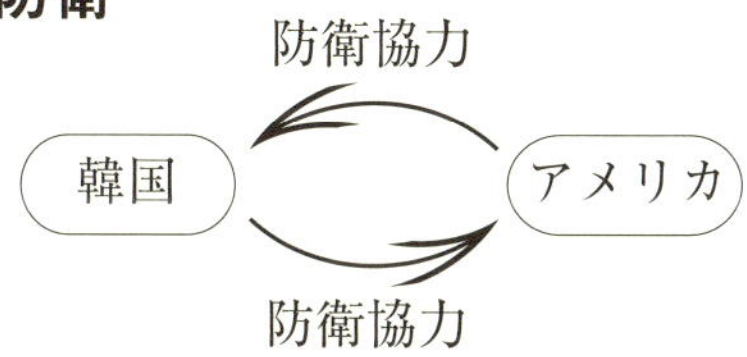


《解説》

アメリカと韓国の相互防衛の条約は、双方が相手国の防衛に協力する条約であり、共同防衛の典型に近い（むろん実態は単純ではない）。相互に防衛に協力するのだから、対称的なのだ。これに対して日米安保条約はこれまで、アメリカは日本の防衛に協力するが、日本はアメリカに基地を提供するだけだったので、対称的でなかった。相互に利益を認めあっていたので、双務的なのだが、非対称的だった。集団的自衛権の限定的行使容認で幾分、対称的になった。

## 10　警察と軍とネガティヴ・リスト

そうでなくとも内容が複雑な安全保障法制でしたが、国会審議で出てくるかもしれないと思っていた難解な言葉があります。「ネガティヴ」という英単語の難しい用法の話です。うまい日本語の訳がなかったので、出てきたら混乱は必至と思っていました。幸か不幸か、その言葉は出てきませんでしたが、この先いずれ登場するでしょう。

この節ではその解説をしますが、知恵を絞って平易に書きますので、お付き合いください。「自衛隊の活動の規定を、ネガティヴ・リストにしなくていいのか」というような使い方がそれです。

### 英語の「ネガティヴ」は難しい

英語の「ネガティヴ」という形容詞には、われわれ日本人には難しい用法がありまして、「ネガティヴ・リスト」はその一例です。学校英語で習う「否定的、消極的、悲観的」など、みなダメです。「否定的リスト」などと言われても、何のことか全然わかりませんよね。何かいい訳語を探さないといけません。

数年前、ある学術書の翻訳にこの用法が出てきて困り果てました。別の文脈ですが、それは「ネガティヴ・リスト」というのに近い「ネガティヴ」の用法でした。その時はそれを思い出し、その延長上でなんとか処理したのでした。

翻訳者も四苦八苦しているのです。少しは苦労を想像してもらいたいものです、などと言っていては叱《しか》られますかね。

ネガティヴの用法についていろいろ語るより、まず「ネガティヴ・リスト」を説明してしまう方が、手っ取り早いでしょう。

反対語はポジティヴです。「ポジティヴ・リスト」というのは、やってよいことをリスト・アップしたもので、警察の場合、やってよい活動がこの形式で書かれています。どういう場合に拳銃を使用してよいかなど、警察官職務執行法に書いてあるのです。

警察は一般の行政組織ですから、国内法で「○○してよい」という形式で規定されているのでして、それ以外はダメということで縛りがかけてあるのです。「○○できる」という肯定文の形で項目を列挙してありますので、ポジティヴ・リストといいます。肯定される活動のリストということです。

これに対するものが「ネガティヴ・リスト」です。各国の軍隊については、国際法などで「○○をしてはならない」という否定文の形で条項を列挙し、それ以外については制限がないのが一般的です。制限は主に条約など国際法で規定されているのでして、自衛隊も軍隊なら、法的にはこういう形で規定されるのが一般的な形なのです。

他の国の軍ですと、明示的に法で禁じられていないことは原則的に可能、ということでして、禁止事項がリスト・アップされているとの理解です。それが「ネガティヴ・リスト」方式です（色摩力夫『国家権力の解剖――警察と軍隊』）。

この用法が頭にありますと、ネガティヴという英単語の特殊な用法に何とか対応できます。改めて最近の英和辞典類を見てみましたが、高校生が使う研究社の『英和中辞典』に「禁止的」という訳語が出ていました。むろん「禁止的リスト」では通じないでしょうが、それでも「ネガティヴ・リスト」に一番近い訳語と言えます。だいぶ近づいてきているので、それを手掛かりにすれば、訳語も適訳に近づけるかもしれません。

私が翻訳に行き詰った時にあたった大辞典でも見つかりませんでしたから、中辞典もなかなか立派になってきたものです。需要の多い英和辞典の進歩に改めて驚いた次第です。敢えて訳せば「禁止事項のリスト」とでもなるでしょうか。

雑誌連載中に、ああでもない、こうでもないと、ウロウロ探したのですが、なかなかいい訳語は見つかりませんでした。ただ、その後ある本に偶然出会いました。『倉山満の憲法九条』という本がそれで、警察の方のポジティヴ・リストは「許可事項列挙型」、軍隊のネガティヴ・リストは「禁止事項列挙型」となっていました。出典は書いてありませんので、どなたの訳語かわかりませんが、倉山氏の考案でしょうか。

| 法律 | 警察法 | 防衛法（軍事法） |
|---|---|---|
| 規定方式 | ポジ・リスト<br>許可事項列挙型 | ネガ・リスト<br>禁止事項列挙型 |
| 特徴 | 原則制限 | 原則無制限 |
| 規定内容 | 「してよいこと」を規定 | 「してはいけないこと」を規定 |
| 規制法規 | 国内法 | 国際法 |

**ポジ・リストとネガ・リスト**
（出典：奥平穣治「軍の行動に関する法規の規定のあり方」『防衛研究所紀要』2007年12月）少し加筆した。

## すべては出自の問題

さて、本論に戻って確認しておきますと、自衛隊の法的な規定の方式は、軍としては特殊だ、ということです。わかりやすい対比の表がありましたから、少し手を加えて、紹介しておきます。

自衛隊はこの点では変則的なのですが、なにせ「警察予備隊」として創設された組織ですから、それも当然かもしれません。タテマエ上「軍隊でない」とされていたものですから、警察と同じ「ポジティヴ・リスト」(許可事項列挙方式)になっているのです。

このほどの安全保障法制でも、ポジティヴ・リスト方式のまま、自衛隊の活動にいくつか追加されたのです。前にも湾岸戦争の後に、少しリストに追加がなされましたが、今回さらに追加された、ということです。

今回の安全保障法制は、二〇一四(平成二十六)年七月に閣議決定された方針を法律にしたものですが、安倍首相にすれば内心、内容的にかなり後退してしまったとの想いがあるでしょう。連立与党・公明党との折衝で、厳格な「歯止め」がかけられてしまったからです。

たとえば、国際平和支援に自衛隊を派遣する場合、国会の承認が必要ということは前々から決まっていましたが、「事後承認」を認めるかどうかが論点として残っていました。しかし、自公の最終調整で「例外なく事前承認」という線でまとまりました。

そんなことで、イザという時に大丈夫か、という心配が残るので、諸外国なら「例外」を設けておくのが一般的なのですが、何より「歯止め」が大事だという、わが国の風潮の中では難しかったのでしょう。

しかし、自民党などから不満が出てくるのは必至でしょう。軍事アナリスト・小川和久氏の新著『日本人が知らない集団的自衛権』もその点にふれていますが、そこにも「ネガティヴ・リスト」という言葉が出てきています。

安全保障法制について、小川氏は二つの不満を抱いているようです。一つは、いつまでも限定列挙のポジティヴ・リスト方式では、それ以外のことはできないので、現場の自衛隊が困ってしまう、ということです。

もう一つは、ポジティヴ・リストは日本側が「できること」を列挙しているので、手の内をさらけ出す結果になっていることです。「どうぞ裏をかいてください。私たちはリストにあること以外はできませんから」と言外に表明しているようなものだといい、「売国的」なほどに「拙劣」としています。

すべては「出自」に由来することです。自衛隊は、一九五〇（昭和二十五）年に朝鮮戦争を契機に創られた「警察予備隊」に始まり、一九五二（昭和二十七）年に「保安隊」、そして一九五四（昭和二十九）年に「自衛隊」となりました。いずれもタテマエでは「軍隊」ではないことになっていました。

朝鮮戦争の勃発で、在日米軍が韓国に派遣され、急遽《きゅうきょ》その穴を埋める必要が生じて創設されたのでした。当然ながら、法律を制定して創設するのが筋でしたが、国会審議での混乱を避けるため、占領軍の命令という形でなされたことは前に述べました。

「警察予備隊令」という「政令」に規定が書き込まれました。その第一条には「警察力を補うため警察予備隊を設け、その組織に関し規定する」とあります。ポジティヴ・リスト方式の始まりです。

政令の起案に関わった海原《かいはら》治氏（後に国防会議事務局長）は産経新聞の取材に対し、こう答えています。――「予備隊は法的には警察。実態は軍隊だから、ああいう文言にならざるを得なかった」と（『戦後史開封　昭和20年代編』）。

軍隊に一般的なネガティヴ・リスト方式でないルーツはここにあります。そして戦後七十年、「軍隊」は持たないとのタテマエでやってきたのですし、駐留米軍の下、「太平」を享受してきたのですから、意識はなかなか変わりません。課題がたくさん残っているのです。少しずつやっていくしかないでしょう。

今回、集団的自衛権の行使に道を開くことになったので、護憲派はこう言うことでしょう。「もう憲法九条は改正されたようなもので、この上、何をしようというのか」と。

しかし、いずれは「ネガティヴ・リスト」（禁止事項列挙型）にしなければならないですから、近い将来、九条の明文改正は不可欠となるでしょう。憲法九条はやはり軽い問題ではないですね。

**ピンポイント解説**

## 警察と軍——自衛隊の特殊性

| | **警察**（国内の治安維持が目的） | **軍隊**（外国からの防衛が目的） |
|---|---|---|
| 権限の規定 | **ポジティブ・リスト（許可事項列挙型）**<br>警察権は国民に対して行使されるので厳格に制限されている。法律で権限を列挙している（刑事訴訟法、警察官職務執行法など）。 | **ネガティブ・リスト（禁止事項列挙型）**<br>国際法などによる規制があるが、原則として無制限。国際法などで、禁止事項を列挙しており、そこにないものは可能と考えられる。 |
| 例 | 警察官は、犯人の逮捕や逃走の防止、自己・他人の防護、または公務執行への抵抗の抑止のため、必要と認められる場合、武器を使用できる。（警察官職務執行法7条を略記） | 特定の条約で定めた禁止事項に加え、下記のことを禁じる。（イ）毒や毒を施した兵器の使用。（ハ）兵器を捨て降伏する敵を殺傷すること。……（ハーグ陸戦条約23条を略記） |

《解説》

自衛隊は国内でこそ「軍隊ではない」との議論があるが、国際法上は軍隊とされている。交戦者資格が認められ、捕虜となった場合、人道的待遇を受けることができる（ゲリラなどはそうではない）。だが、自衛隊法など国内法の規定の仕方が警察法に準じているため、他国の軍隊に比べ著しく制限的だ。たとえば、自衛隊法での防衛出動を除き武力行使ができない。それは警察官がどんな場合に武器を使用できるかの規定の仕方と同じ型である。

## 11　真の立憲主義とエセ立憲主義

二十年も昔になりますが、『憲法守って国滅ぶ』という本が出ました。うまいタイトルだと感心した記憶があります。内容につき、他に何も説明が要らないからです。

「一方的に戦争を放棄しても、戦争は向こうからやって来る」とあって、こう続きます。「女性の側がいかに『強姦』の放棄を宣言しても、強姦をしたいと思う男性がいる限り、その危険性は常に存在している」というのです。

少し品が悪いかもしれませんが、本質をつく、なかなかの文章です。先に（9節）紹介した田中美知太郎氏の言葉と並べたくなります。「平和憲法だけで平和が保障されるならついでに台風の襲来も、憲法で禁止しておいた方がよかったかも知れない」（『今日の政治的関心』）。

クイズのように名前を伏せて書いてきましたが、最初の方の著者は小林節《せつ》・慶大教授（現名誉教授）です。その結論は「憲法を改正せよ」ということでして、小林氏は二十年も前から改憲論者の代表格でした。

### 「立憲主義」という流行語

ところが、同じ小林氏が今は「護憲派」の寵児《ちょうじ》なのです。ご本人によれば「日々、進歩している」そうですが、特に主張を変えたわけではないということです。しかし、強調点は大きく変わり、「立憲主義を守れ」となっています。ただ、「憲法守って国滅ぶ」とならないよう、願いたいものです。

さて、この数年来、憲法論議では必ず登場するのが「立憲主義」です。法律の話ですから、すぐ難しくなりそうですが、平易かつ丁寧に説明してみます。少しお付き合い下さい。

小林氏は《憲法九条を放置しておくのはよくないが、それは明文の改正によるべきであり、解釈変更でそれを行うのは立憲主義に反する》という主張のようです。

立憲主義という言葉は、民主党政権が崩壊し、安倍内閣が復活した二〇一二（平成二十四）年暮からよく使われるようになりました。自民党が憲法九十六条の改憲条項の改正から手をつけようとしたことを「邪道」だとし、憲法改正では「裏口入学」のようなものと非難する文脈で使われだしたのです。

また、自民党が全面的な改憲草案（第二次案）を発表したのに対し、その内容に問題あり、とするものでもありました。

その次は二〇一四（平成二十六）年夏からで、憲法解釈の変更による集団的自衛権の行使容認は立憲主義に反する、という非難です。これが安保法制批判につながっています。先の小林氏は両方に登場します。

最初の時はすぐに『白熱講義！　日本国憲法改正』という本を出しています。「近代憲法の本質である立憲主義」をわきまえない政治家が多く、「監視していかなければならない」というのでした。

反安倍政権の側は、《改憲論者の小林教授も九十六条改正には反対している》ということで、スポットライトをあてました。同教授は、一躍、注目の的《まと》となったのです。そして集団的自衛権の問題では、《解釈改憲は許されない》ということを、あちこちで発言し、共産党の『しんぶん赤旗』にも登場しました。

憲法九条には問題が多いとの主張に変わりはないというのでしたら、そのことも併せて主張していただきたい、との想いを禁じ得ませんが、そうなっていません。

集団的自衛権の問題でもすぐに新刊を出していますが、もう私には付き合うだけの気力がありません（立派なことが書いてあるとしたら、ゴメンナサイ）。

## 「相撲部屋」と憲法学者

さて、その立憲主義ですが、私なりに大まかに定義してみますと、憲法で国家権力を制限し、個人の権利や自由を守ろうとする考え方・その制度、ということです。

より直接的に立憲主義に関連するのは、集団的自衛権のケースですので、話をそちらに絞ります。今度の解釈変更は、憲法を逸脱するもので違憲であり、それを強行するのは立憲主義を踏みにじるものだという批判になっていて、憲法学者の圧倒的多数がそう判断していると続きます。

最後の点については、大学というギョーカイを知る者として一言いわせてもらいたくなります。日本の大学の師弟関係は、よく「相撲部屋」に喩《たと》えられます。昔ほどではないものの、《師匠は絶対で、弟子は学説を継がなければならない》というケースが多いのです。

護憲派の教授の下では、護憲論者でないと大学教員になりにくいということです。また、新しい大学教員を採用する時にも、「お仲間」が優先されます。戦後しばらくして護憲派が支配的地位を確立して後は、それが固定化し、世間の動きと無関係に「戦後憲法学」の学説が狭い大学という世界では強いままとなっています。

学説の「正しさ」の話に、憲法学者の「数」の話が紛《まぎ》れ込んできたら、眉に唾《つば》をつけて下さい。《憲法学者の八割は自衛隊を違憲としている》といった類の話のことです。

そこで今回の解釈変更が、許されざる「解釈改憲」か、許容されてよいものかが焦点となりますが、前節で今度の変更は正当な「解釈是正」だとの私の説を述べましたので、ここでは繰り返しません。

### 憲法の「解釈」の留意点

ただ、解釈一般について最低限、留意しておきたい点を確認しておきます。憲法学者なら当然、共有されていてよいはずのものですが、そうなっていないようで、残念です。

①憲法の解釈を最終的に確定するのは、内閣法制局でもなければ、ましてや憲法学者ではなく、最高裁である。
②解釈変更は許されないというが、「戦力」についての解釈変更のほか、過去にいくらでも変更の例がある。最高裁の判断も時期により変遷を見せている場合がある。

この二点ですが、②の方は、「一票の格差」の判決で最高裁の判断が、以前よりも厳しくなっていることを例に挙げれば、おわかりいただけるでしょう。

この一般的な二点に加え、集団的自衛権の解釈について、政治学者の私には、疑問を呈しておきたいことがあります。国際基準と国内基準にズレが見られるのではないか、との疑問がそれです。

日米安保について国際政治学者は、アメリカが日本の防衛に協力するのに対して、日本は基地を提供するという形で、変則的ながら「ギブ・アンド・テイク」が成り立っている、と説明してきました。

これが国際基準でして、わが国の政府もかつてそれに近い答弁をしています。岸内閣の時ですが、林修三・内閣法制局長官が《基地の提供も集団的自衛権の行使だ》という解釈に立つ答弁をしているのです。

この点を重視すると、すでに日本は集団的自衛権を行使していることになります。

また国内での議論がどうであれ、アメリカに基地を提供していることは、外国からは集団的自衛権の行使と見られるだろう、と思います。

基地を提供しながら、《集団的自衛権は行使せず、局外中立をしている》と言っても、聞いてもらえないだろう、ということです。この点は後の節でもふれますが、国際法学者が明快に説明してくれることを期待しています。同じ法学者でも、憲法学者の大半よりはマシではないかと思うのですが、甘いでしょうか？

解釈には立ち入らないと言いながら、これまで多くのことを述べてきました。これで切りあげて、立憲主義の急所と思う点を押さえておきましょう。「真の立憲主義」とは別の「エセ立憲主義」が徘徊《はいかい》しているのではないかとの点です。

立憲主義者は抽象的にそれを言うだけでなく、どんな場合にも憲法秩序を存続させてこそ、初めて「真の立憲主義者」になれるのではないか、という問題提起です。

古代ローマの文人政治家キケロは、「武器のあいだでは法律は沈黙する」と言っています。立派なことを規定していても、平時でなくなれば、法は破られかねないのです。非現実的な法制を放置しておくと、法は沈黙することになりかねません。この点を重視するなら、非常時に耐えうる憲法とする努力をする者こそ真の立憲主義者だ、と思うのです。

逆の表現をしますと、最悪なのは、イザという時は憲法に構わず、「銃を取って立つさ」という態度です。そして、福田恆存《つねあり》氏が言うように、これを「大人の知恵」と思っている人が少なくないかもしれません（『人間不在の防衛論議』）。その「程度にしか法というものを考えなくなる」ことの危険を、《いわゆる護憲派》の人はもっと考えてほしいものです。

ドイツの憲法学者ヘッセの次の言葉に、私は立憲主義の真髄《しんずい》を見ます。——「憲法は、平常時においてだけでなく、緊急事態および危機的状況においても真価を発揮すべきものである。憲法がそうした状況を克服するための何らの配慮もしていなければ、責任ある機関には、決定的瞬間において、憲法を無視する以外にとりうる手段は残っていないのである」(『ドイツ憲法の基本的特質』)。

さて、小林節教授はどちらの立憲主義でしょうか？　ヘッセのような「真の立憲主義」か、わが国の多くの憲法学者のように、政治好きの「エセ立憲主義」でしょうか？

**ピンポイント解説**

## 集団的自衛の定義

### 集団的自衛の目的は「侵略の抑止」

（D・カピーほか『レキシコン・アジア太平洋安全保障対話』より）

「集団的自衛は、歴史的に国家の安全保障の『自助』に次ぐ最も重要な要素の一つ」であり、「侵略者となるものを抑止することを目的」とする。
「集団的自衛」では「国家は『特定国または一連の国々を、主たる実際上の敵もしくは仮想上の敵』とみなす」。〔それに対し国連など〕集団安全保障は、「同盟国、友邦国を含むいかなる国でも侵略行為を行った場合」発動されるものだ。

《解説》

わが国では憲法学者などの混乱した説明が多いが、国際政治学での国際基準の定義は外国の事典で確認できる。集団的自衛権は、言葉こそ戦後になって使われ始めたが、実態としては、歴史的に古くからなされているもので「侵略の抑止が目的」と書き込んである。国連など集団安全保障があらゆる侵略に備えるものなのに対して、集団的自衛は仮想敵に対するものと両者を区別している。この事典には福島安紀子訳（日本経済評論社）がある。

## 12 「神学論争」の貧困

安保法制の審議は、集団的自衛権の行使が「合憲か違憲か」の解釈論争となり、またもや「神学論争」になったと語られました。憲法学者の尾吹善人《おぶきよしと》氏は、九条が一部の人々の間で、「ほとんど宗教的な信仰箇条」になっていると書いていますが、確かにそういう印象があって、九条問題が宗教に関連づけて表現されるのも、そのためかもしれません。

「神学論争」との比喩《ひゆ》は、わかってみると、なかなか良くできています。ただ、わが国では一般の人には必ずしも本当の意味が理解されていないように思います。辞書などには「神学論争」とは、現実離れした「水かけ論」といった説明がありますが、実際にはそれ以上の皮肉がきいているのです。

日本では、大半の国民には「神学」など別世界のことで、「神学論争」も、本当のところは理解しにくいのも当然かもしれません。しかし、知っておいた方が九条論争の本質に迫れそうですので、詳しく述べてもムダではないでしょう。

たまたま最適かと思う例を見つけましたので、この節で紹介したいと思います。実に面白い例です。

## 教義の「解釈」、憲法の「解釈」

こういう話では断然、日本の宗教よりは、戒律の厳しいユダヤ教やイスラム教などがいいようです。私も実体験でそれを知りました。

二十数年前になりますが、四十歳代の時、数カ月ドイツに研究滞在しました。たまたまアパートの隣室に同い年のユダヤ系米国人がいて、親しくなりました。

二人とも料理をしない中年男でしたから、よく一緒に食事に出かけました。英会話の勉強になっていいのですが、彼が時間をかけてメニューをチェックするのには閉口しました。豚肉をはじめ、海老、イカ、蛸《たこ》、カキと、食べてはいけないものが実にたくさんあるのです。日本風レストランに案内したのはいいのですが、餃子《ギョーザ》の説明など、本当に大変でした。中に何が入っているか、いちいち説明しないといけないのです。

これは、みな宗教上の教義と関係あるのでして、なかには「解釈」が微妙な問題もあるようです。今回、にわか勉強をしてみますと、日本でのユダヤ関係者の間で、解釈の分かれる食べ物の代表例はウナギのようです。なんでもユダヤ教では鱗《うろこ》のある魚はＯＫだが、ないものはダメということです。

初めて『旧約聖書』にふれてみましたが、確かに「レビ記」十一章に、「鱗のあるものはすべて食べてよい」が、ないものは「汚《けが》らわしいもの」で口にしてはならないとあります。

そこで、長らくウナギはダメということになっていたようなのですが、長く日本に住むユダヤ人の間から、ウナギの蒲焼《かばやき》の魅力に抗しがたくなり、「解釈」を変えてしまう人が出てきたようです。

ここから先が面白いのですが、よく見るとウナギにも鱗があるというのです。こうなれば解釈も変わり、旨《うま》いウナギも食べられるという訳です。ただ「原理主義」の人には通じませんから、そこに論争が生じます。

イスラエルに長く住む河谷龍彦《かわたにたつひこ》氏は、こう語っています。「ユダヤ人というのは議論を始めたら、自分が九九パーセント悪くても絶対に認めません」。議論を始めれば、「五時間、六時間議論して疲れることを知らない」そうです。また、そういう長い歴史の中で「訓練を受けていますから、アメリカなんかでも弁護士がほとんどユダヤ人というのはよくわかりますね」とも語っています（『聖書の土地と人々』）。

## 法律論争は神学論争に似ている

神学論争と法律論争が、実によく似ているということです。「これは違憲だからダメ」、「あれも違憲でダメ」というような憲法論争に付き合ってくると、実によくわかる気がします。日本の憲法学者や一部の政治家について、「憲法原理主義者」と呼ばれることもありますが、ユダヤ教などの原理主義に似たところを突く、巧みな表現です。

この観点から、昨今の論争を考えてみます。——集団的自衛権の論争では論点もいろいろでしたが、機雷の除去は可能か否かという論点などは、まさに「神学論争」そのものでした。なんでも海上自衛隊の機雷除去の技術は素晴らしいもののようで、日本関連の船舶が多く通るホルムズ海峡などに機雷が敷設されますと、除去してほしい、と協力要請が外国から出てくるようです。

ここから先が極めて「神学論争」のようになりますが、従来の政府解釈では「機雷」に二種類あって、一方は除去していいが、他方はダメという線引きがありました。同じ機雷でも、戦闘中なら除去は「海外での武力行使」になるのでダメだが、戦闘が終わった後なら機雷は捨てられ、「遺棄《いき》されたもの」だから除去してよい、というのが従来の解釈でした（西修『いちばんよくわかる！　憲法第9条』）。

これを改め、機雷除去に関与できる余地を拡げることが、安保法制に盛り込まれていたのですが、先のユダヤ人の「ウナギに鱗があるかどうか」のような話でしょう？

他にも、日本の方向に飛んでくるミサイルを撃ち落してよいかどうかの話も似ています。《日本を標的とするものなら、個別的自衛権で撃ち落としてよいが、上を横切ってアメリカを狙うものなら、集団的自衛権の行使になるので問題だ》という議論です。一般のアメリカ人が聞いたら、ビックリすることでしょう。私がアメリカ人なら、怒ってしまいます。

この種の憲法論争は古く、何が憲法で禁じられている「戦力」なのかという解釈論争は、ほとんど九条の歴史とともに古くから見られます。素人目には、「ああ言えば、こう言う」

の世界でして、付き合いきれないものを感じてしまいます。

## 「緊急は法を破る」

神学論争として、先にユダヤ教の例を引きましたが、多少は身近なキリスト教の例を引いてみます。一九八五（昭和六十）年に日本で起きた事件ですから、ご記憶の方も多いことでしょう。「エホバの証人」の信者の子（十歳）が交通事故に遭い、輸血を勧められたが、親が拒否して、亡くなってしまった事件です。

聖書にある「血を避けるように」との文言から、輸血は受けてはならない、との解釈を引き出している宗派でのことでした。多くのキリスト教宗派はこのような解釈を認めませんが、結局は見解の相違でしょう。

その結果、救えたかもしれない生命が犠牲になったこの事件は、憲法九条について考えさせるものを含んでいます。宗教の教義の「解釈」の相違から、輸血を拒否するか否か、という現実的な相違が生じているのでして、九条の「解釈」にも似たところがあるからです。

集団的自衛権は行使不可というのが、このところの政府解釈だったのはその通りですが、それが唯一絶対かは疑問です。少し古くは別の解釈も見られます（15節参照）。

法解釈は多様なのです。現に憲法学者の多くは日米安保条約も憲法違反だと言い、自衛隊すら違憲と主張していましたが、最高裁の判断は別でした。また、最終判断をする最高裁でも解釈に変化が見られます。

憲法問題を憲法学者だけに議論を委ねていますと、こういう解釈だけの問題に矮小化《わいしょうか》され、「神学論争」になるのですが、それではいけない、というのが政治学者たる私の主張したいことです。

**現実離れの法では名目のみに**

差し当たりは、いきなり法律論に入らずに、安全保障のために今何が必要かの議論もしてほしいものです。日米安保の実効性確保のためには、同盟の強化が必要不可欠で、そのため法的整備をどうすればよいのかが問題です。

現実性のない法体制を放置しておくと、緊急の場合に困ってしまいます。「緊急は法を破る」との法格言にあるように、緊急の必要があると、法にかまっていられなくなるのが現実なのです。

刑法で、正当防衛が認められていることは先に書きましたが、仮に法律に書いてなかったとしたらどうでしょう？——私はそれでも、誰もが自分を守るのに力を使うと思います。

憲法学者の尾吹氏の説明を引いてみます。——「誰にも達成できないこと」を法律に定めても、「『法規範』とはなりえない」と思われる。「実定法規範であまりにも現実離れの『ことば』が先行すると、……『絵に描いた餅』、『名目的憲法』になる」ということです（『寝ても覚めても憲法学者』)。

いきなり「憲法にそう書いてある」ということから議論を始めてはならないのです。ウナギの蒲焼を食べたいユダヤ教徒は、旧約聖書を書き換える訳にはいかないのですが、憲法は修正可能です。

輸血は避けたいが、生命は譲れない、というような極限の状況を、少しは考えてみるのがよいでしょう。「神学論争」から自由に議論したいものです。

**ピンポイント解説**

## 「平和主義」の３勢力

**マルクス主義は「平和主義」を批判するが、共闘も重視**

【平和主義】「ブルジョワ的な政治の運動、イデオロギー。戦争の階級的特質を考慮せず、平和のスローガンの下、進歩的階級の革命的戦争や民族の解放戦争といった、正義の戦争をも断じて拒否する。……〔ただ〕平和の保障の要求において、平和主義は社会主義諸国の政策や国際共産主義、労働運動……と関係が深い。

……だが、だからといって平和主義のスタンスに対する批判を放棄してはならない」。

（東ドイツの公的な『政治小事典』〈1973年〉より）

《解説》

９条は「平和主義」条項と言われるが日本語の「平和主義」は曖昧で、３勢力が識別できよう。第１は厳格なパシフィズムで、宗教上の理由などから絶対非戦の立場をとるものだ。第２は漠然たる平和愛好や、平和尊重の態度で、「ハト派」がこれに近い。左翼的ニュアンスがあまりないので保守派などでは「ハト派」の自称が好まれる。第３がマルクス・レーニン主義の「平和主義」で、これが最も複雑だ。第１の立場との共闘もなされるが、そのまま肯定せず、批判もなされる。第２の「ハト派」も利用できるところで、利用する。

## 13 「共産党日本語」と憲法

その昔、「クレムノロジー」という学問がありました。ソ連邦が健在なりし時代のことですが、儀式での席順など、ごく限られた情報から、ソ連内部の権力構造を推測する特殊な研究のことでした。旧ロシア帝国の宮殿クレムリンに、ソ連共産党が権力中枢をおいたことに由来する名称です。

中国についても、北京にかけて「ペキノロジー」と言われていました。中国内部の透明度が少し上がり、「中国ウォッチャー」となり、今は中国政治研究者と言われるようになっています。昔の雰囲気が残っているのは、北朝鮮政治でしょうか。「北朝鮮ウォッチャー」が健在です。

日本共産党についてはどうかというと、「共産党ウォッチャー」が死語になっていませんから、複雑な面があるのでしょう。私のように特別の専門家でもない者が、なにか共産党について書こうとすると、迷路に入っていく想いがします。

今回も久々に共産党につき、九条との関連を本気で調べている訳ですが、独特のワールドに入っていく「覚悟」が求められます。追々、その理由も明らかになるでしょう。

## かつては明確な九条改正論、今はチョー複雑

憲法の制定時に、共産党が九条を批判していたことは、ずっと前に（6節）ふれました。また、共産党は「侵略戦争の放棄とすべきだ」という立場から批判していたのでした。また、共産党は「日本人民共和国憲法（草案）」を発表しており、そこにも同じ立場からの規定が盛り込まれていました。

また、当時の共産党の「戦争観」も見ておく必要があるでしょう。前節で東ドイツの公式見解を引きましたが（ピンポイント解説）、一九四八（昭和二十三）年当時の日本共産党もマルクス・レーニン主義の正統的な戦争観に立っていました。GHQの検閲のため発表できなかったものですが、神山《かみやま》茂夫『平和のために斗《たたか》う共産党』（日本共産党出版部）にはこうありました。

「われわれ共産主義者は、資本主義が存在するかぎり戦争の起こる可能性のあることをよく知っています。又ほんとうに戦争のなくなる日は、全世界がせめて社会主義国の世界的団結によって支配されるようになる時であるということも知っています」（引用は西修『日本国憲法成立過程の研究』より）。

この表現は、マルクス・レーニン主義に照らせば、国際共産主義や民族解放闘争のための「進歩のための戦争」は肯定される、ということでしょう。ただ、その話は難しくなりますので省き、先に進みましょう。

本節はそれから先のことを扱いますが、これが実にやっかいで、チョー複雑とでも言いた

くなります。共産党の文書にまつわる、独特の難しさ、「いやらしさ」があるためです。それを承知していないと正確な理解ができません。よく官僚の文書について、注意すべき点があげられることがありますが、それと同じ類の難しさです。

まず「官僚日本語」から、わかりやすい例を挙げます。「できる限りのことをやらせていただきます」と官僚が答える時は、《できないことはしませんよ》ということですから、裏の意味が大事です。

九条がらみでは、国連に日本が加盟する時の文書がそうです。官僚が知恵をつけたのかもしれませんが、「できる限り」のような言い方で、日本政府がごまかしをしているのです。

国連加盟国には国連の武力制裁という、集団的軍事行動に参加する義務が発生する可能性がありますが、それを念頭におき、こう宣言しています。「わが国の有するあらゆる手段をもって」加盟国としての「義務を遵守する」と。

意味は、《九条の制約があるので、できないこともあります》ということなのだそうです。外国に通じるかどうかはわかりません。これまで幸か不幸か、そういう事態が発生しないでいるだけです（詳しくは19節）。

また、官僚が作る法律文では、「等」が曲者《くせもの》だそうです。「国際連合決議等に基づく人道的措置」とあったら、《その「等」に何が含まれるかを吟味しろ》と言われるのです。時には、国連決議よりも、他の「等」が重要ということがあるからだ、と言われます。

どうです。改めて日本語は難しいと思うのではないですか。同じ様なことが、いわば「共産党日本語」にもあるのです。共産党の文書に触れる時は、それを踏まえて下さいね。

先のように、共産党は九条に反対していました。また九条以外でも、天皇制廃止を目指していましたから、単純ではありませんでした。

社会党（現社民党）も複雑ですが、社会党は途中から、スローガンでは「護憲一筋」のようになりました。すると共産党は、社会党などと違って「現在の憲法を絶対視」しない、との立場を明らかにしました。共産党は「改悪反対」と言うようになっていたのでして、そこには《正しい改正はやる》という姿勢がありました。

ところが、その後、「九条の会」など「護憲」運動に強く関与するようになり、共産党は表向きはかつて批判していた「憲法の絶対視」に近くなります。前後して、公式的にも憲法の「全条項をまもる」との立場だ、と言うようになりました。

不勉強にも、私はよく知りませんでしたが、二〇〇四（平成十六）年一月の党大会で採択した綱領にそうあるというのです。あらためて読んでみましたが、間違いありません。「現行憲法の前文をふくむ全条項をまもり、とくに平和的民主的諸条項の完全実施をめざす」とあります。近年、共産党の幹部が「自衛隊活用論」を語っていることもあって、単細胞の私などは、自衛隊も含め九条を肯定することになったのかと、受け取りました。だが、それは単純すぎたようです。この辺が「共産党日本語」の難しいところです。

**「自衛隊の解消」が、「九条の完全実施」**

じっくり、腰を据えて綱領を読んでみますと、そのすぐ前にこうあります。――「憲法第九条の完全実施（自衛隊の解消）に向かっての前進をはかる」と。

つまり、自衛隊は違憲、という線を崩していないのです。だから、自衛隊解消が九条の完全実施の一部、という論理です。どうです。難しいでしょう?

「安保法制に反対」という人々の中には、今のままの自衛隊の存続には賛成の人も多いでしょうから、《それならそうと言ってほしい》と思うでしょう。だが、そこが「共産党日本語」の難しいところなのです。

共産党を離れて言論活動をしている元幹部の筆坂秀世《ふでさかひでよ》氏（元参院議員）はこう書いています。

――共産党では「自衛隊は憲法違反の軍隊だと位置付けている。したがって、九条の完全実施、すなわち自衛隊の解消というのを最終的な方針としている」と。

部外者は、こういう「通訳」を挟《はさ》んで、やっと正確に理解できるのです。こういう需要がありますから、筆坂氏の本（『日本共産党と中韓』）がよく売れているのも、事情がわかれば納得できます。

共産党の綱領に戻りますが、日米安保条約については「廃棄し、アメリカ軍とその軍事基地を撤退させる」ともあります。

これは共産党なら当然かな、とも思いますが、ここでも少しは《それならそうと……》という気分が残ります。《自衛隊・日米安保も含め、現在の九条体制を守る》ということではないのです。

世論調査では、自衛隊や安保条約の肯定論が定着していますから、「九条改正反対」という世論は、現状のままの肯定のようなものです。ということは、九条改正の賛成・反対も中身は、複雑に入り乱れた状況になっているということです。国会周辺に出かけて、「安保法制反対」を叫ぶデモをしていた人の、「九条を守れ」はどちらなのでしょうかね?

著名な映画評論家の口真似をして「イヤー、共産党の主張って難しいですね」などと言ってみたくなります。

## 「当面」も気になりますが……

この綱領改定の時に、当時の不破《ふわ》哲三・中央委員会議長が党大会で報告をしています(「しんぶん赤旗」一月十五日)。すごく長いのですが、大事な文書なので我慢しながら目を通し、次の文章を見つけました。

「憲法をめぐる中心課題は、第九条の改悪を主目標に憲法を変えようとする改憲のくわだてに反対し、現憲法を擁護することにあります。わが党は、当面、部分的にもせよ、憲法の改定を提起する方針をもちません」。

このすぐ後には、共産党にとって重大な天皇制も問題が続きます。簡単に言うと、天皇制はさておき、九条改悪阻止が大事なので、「憲法の改定の提起」はしない、という論理になっています。

右の文に戻りますと、「当面」という言葉が引っ掛かります。「官僚日本語」の「等」や「できる限り」のように、要注意かと思います。その疑いは、次の文章をじっくり読むと深まることでしょう。

「だから〔承認された〕改定案では、天皇制の廃止の問題が将来、どのような時期に提起されるかということもふくめて、その解決については、『将来、情勢が熟したとき』の問題だということを規定するにとどめているのであります」。

天皇制については、将来、情勢が熟した時には廃止を提起する（かもしれない）ということを言っているのです。それも含めて、「当面、……憲法の改定を提起する方針をもちません」ということなのです。「方針をもちません」というのも、部外者には気になる文ですが、そこまで気にかけなくとも、やはり疑問が残ります。

「そういうのを護憲というのですか？」と。

**ピンポイント解説**

## 改悪反対から複雑な「護憲」へ――9条と共産党

**現綱領では「全条項をまもり」、9条は「完全実施」**

（2004〈平成16〉年1月の党大会で採択した共産党綱領）

「現行憲法の前文をふくむ全条項をまもり、とくに平和的民主的諸条項の完全実施をめざす」。

「憲法第9条の完全実施（自衛隊の解消）に向かっての前進をはかる」。

「〔日米安保条約については〕廃棄し、アメリカ軍とその軍事基地を撤退させる」。

《解説》

共産党は長らく憲法「改悪反対」だった。正しい改正はやるとの線で一貫していたのである。だが、その後、「9条の会」など、「護憲」運動に強く関わるようになる。2004（平成16）年採択の現綱領では、公式に「全条項をまもる」との立場を表明している。だが、9条「完全実施」とある箇所には、カッコ書きで「自衛隊の解消」とある。自衛隊は違憲との線を崩していないのだ。また、日米安保も違憲だから、9条の完全実施のため米軍基地の撤退を謳《うた》っている。「護憲」の中身は複雑なのだ。

## 14　九条解釈の謎と知的不誠実

今回は学者の論争の話です。

記録文学の名手・吉村昭氏に『白い航跡』という、医学のからむ地味な佳品があります。戦前の日本軍が悩まされた脚気《かっけ》をめぐる陸軍・海軍の対照がテーマです。

海軍軍医総監・高木兼寛《かねひろ》は臨床重視の立場から白米食に原因を突き止め、麦を混ぜた食事で患者を減らします。ところが森鷗外《おうがい》ら陸軍軍医部は、この説を認めないばかりか、東大など学閥の締めつけで、高木の説を医学界から排除します。

やがて高木説が認められていきますが、高木の死後のことでした。陰湿な学者の世界にあって、くさらずに努力し続けた高木の姿勢には、感動を覚えます。

時代はくだって現代ですが、安保法制国会では集団的自衛権の合憲・違憲をめぐる憲法論争がありました。「御用学者」のレッテルまで登場し、厳格な九条解釈を守る学者が「良心的」との扱いを受けましたが、どうでしたでしょうか。

私は、学界の陰湿な争いに似たものを感じました。よく検討してみると、事態は単純でないからです。

## 伏せられた経緯が明らかになると別の解釈に

九条の条文をただ読むのと、制定時の事情をわかって読むのでは解釈が異なってきます。法学者の間ではこの点だけでもいろいろな立場があるようですが、戦争の放棄の「戦争」の意味を解釈する時、不戦条約での意味などをまったく考えなくてよい、という人はほとんどいないでしょう。

制定の経緯を知って、「ああ、そういうことだったのか」となることもあろうかと思うのです。憲法制定の当時は、占領軍の秘密検閲もありましたから、事実関係を知らされないまま解釈がなされたとしても、やむをえない面がありました。

たとえば天皇機関説で知られる美濃部《みのべ》達吉・東大教授ですが、無条件の軍備不保持と解釈していました。そのため一九四八（昭和二十三）年の著書では、「何等の留保もなく無条件に戦争を放棄したのであるから、万一外国から侵撃を受けた場合にも自衛的戦争の途なく徒《いたずら》に滅亡を待つ外ない」と書いています。

それで構わないと美濃部氏が思っていた訳ではありません。「他日完全な独立を回復し得た後に考慮せらるべき問題」だとしています。検閲を意識した文章ですので、行間も読まないといけないのですが、《独立回復後、改正しよう》との意味が明白です。

さて、ここでは解釈がテーマです。当時も国際法に通じていた法学者は、別の解釈をしていましたので、偉大な美濃部教授にしてこの解釈というのは、少しいただけない気がしますが、情報が不十分でしたから仕方がない面もあります。

なにせ吉田首相が「防衛も放棄した」と答弁していたのですからね。惜しいことに、美濃部氏はこの年に亡くなっています。制定経緯を知ったなら、解釈を変えた可能性があると思うのですが、どうでしょうか。

早い節（5、7節）で述べたように、二つの事実が極めて重要です。一つは、マッカーサーの指示と実際の条文のズレです。第二は、連合国の極東委員会が芦田修正を受け、再軍備が可能な条文となったと判断したことです。

## 英字紙で実際の経緯が明白になったが反応乏しい

まずは前者です。マッカーサーが指示した内容（「マッカーサー・ノート」）は、日本側には伏せられていましたが、その経緯がいつ知られるようになったかです。確定は容易でありませんが、遅くとも一九五〇（昭和二十五）年には明白になっています。

英字紙『ニッポン・タイムス』（現『ジャパン・タイムス』）の十一月十一日付紙面に、『日本の政治的再編成』（英文）という文書が掲載されたからです。この件に直接かかわった村田聖明記者が経緯を書き残しています（『正論』一九八九年一月号）。

縮刷版で私も確認しましたが、マッカーサーが初め《防衛戦争も放棄とせよ》と指示していたことがバッチリ書かれています。このことがわかれば、後のどこかの段階で、《防衛も不可》の部分が削除されたので、防衛戦争は可能、と解釈できるようになったことが推測できたはずだ——私はそう思うのです。

ところが憲法学者が、これに反応した形跡は確認できません。その後、西修・駒沢大教授などが丹念に事実関係を追って経緯を明らかにしましたが、憲法学界の多数派は無視し続けたも同然でした。学問的には知的不誠実というべきではないかと思うのですが、どうでしょうか。

あるいは単に怠慢で、フォローしなかっただけかもしれません。いずれにせよ部外者の政治学者たる私には「謎」と映ります。「護憲」で硬直化していたためかもしれません。真実はどうなのでしょうか？

**芦田修正と文民条項の解釈**

第二の点に移ります。芦田修正を受けて、連合国の極東委員会から《文民条項を入れよ》との命令が出た経緯です。

まず芦田修正を簡単におさらいしておきましょう。

九条では、一項で戦争放棄、二項で軍備不保持と交戦権否認が規定されていますが、帝国議会の衆議院の審議で、修正がなされました。二項の頭に「前項の目的を達するため」との文言が入ったのです。芦田均《ひとし》氏が主導したので、「芦田修正」と呼ばれます。

この修正が連合国の承認を得る際、ＧＨＱから《文民条項を入れよ》とのキツーイお達しが出ました。芦田修正が入ったことで、禁止された侵略戦争以外の戦争である防衛戦争のためならば、軍備も可となるとの解釈が、連合国の一部から出てきたためでした。

議会審議は、貴族院に移っていましたが、ここで急遽《きゅうきょ》、追加の修正がなされました。文民条項が加えられたのです。

芦田修正によって、《同条一項に定められている目的以外のためであれば、陸、海、空軍の保持が認められるように、事実上、修正されてしまった》という読みからです。そこから「大臣はシビリアンでなければならない」との条文を入れよ、ということになりました。これが最終段階で六十六条に入った「文民条項」のルーツです。

**文民条項に二つの解釈**

さて、この経緯を受け、文民条項に二つの解釈が生まれました。少し詳しい話になりますが、そんなに難しい訳ではありません。ゆっくり読めばわかります。

一方が「改憲論者」西氏などの「歯止め説」です。極東委員会は、芦田修正により「自衛のためであれば、軍隊を持ちうる〔ようになった〕と判断し、その歯止めとして、絶対に文民条項が必要であると考えた」との説です。一九八六（昭和六十一）年に出版された西著『ドキュメント日本国憲法』で唱えられました。

もう一方が「護憲論者」の古関彰一・独協大教授の「だめ押し説」です。西氏の著書から三年後に、古関氏が『新憲法の誕生』を著し、そこで別の見解を示したのです。自衛もまた九条で封じられているが、極東委員会は、芦田修正により自衛は可能との解釈が出てくる「可能性を封じるためのだめ押しとして」文民条項を求めたという説です。

古関氏の研究は実に詳しく、吉野作造賞を受けたほどですが、芦田修正ついての記述は不自然との印象がありました。案の定、八年後の一九九七（平成九）年に、実に徹底した資料探索の末、佐々木高雄・青山学院大教授が批判を加えました。

――「封じられた」のは、「芦田解釈のような自衛戦力保持を容認する解釈の可能性ではなく、軍国主義化の可能性のはず」。だから古関教授の「整理は、強引にすぎると評さなければならない。自衛隊の存在を正当化しないために、資料の意味をねじ曲げた例」だと言えよう、と言うのでした（『戦争放棄条項の成立経緯』）。

さらに二〇〇四（平成十六）年には、先の西氏が『日本国憲法成立過程の研究』を著し、その中で決定版ともいうべき極東委員会研究を展開しました。連合国の極東委員会は、芦田修正によって、自衛のためならば「戦力は保持し得るという解釈が可能になった」と考え、文民条項を求めた、という以前からの説の論拠を固めたものです。

それが「歯止め」だというのは、「現役の武官を大臣職につかせないようにするため」だったというのです。この点を正確に理解するには、歴史についての知識が欠かせません。戦前の「現役武官制」という制度のことです。

戦前にあった「制度」ですが、法令上の変化もあり、また、根拠に多少曖昧なところがあって、時期により運用にかなり相違があります。簡単には説明できませんが、大胆に言い切りますと、《陸相、海相は現役の大将か中将でなければならないという制度》のことです。軍部が強い時期には、この制度を使い、内閣に揺さぶりをかけていました。

陸相、海相が現役武官でなければならないなら、陸軍、海軍の気に入らない内閣では、大臣を辞職させ、後任を出さなければ、それで内閣は崩壊にいたるのです。

連合国の念頭にあったのはこの制度でして、陸海相現役武官制度の復活に歯止めをかけるために持ち出したのが、文民条項という訳です。

西氏の論拠の強化は立派なものでして、こういう展開になって初めて学問は進歩すると、ワクワクして、古関氏の反論を待ちました。そして、遂に二〇〇九（平成二十一）年、その機が訪れたかに思われました。古関氏の旧著の増補改訂版が、『日本国憲法の誕生』として出版されたのです。すぐ買って読みました。

しかし、期待は裏切られました。芦田修正のくだりは旧版とほとんど変わっていないのでした。西、佐々木両氏への反論もなく、「だめ押し説」が繰り返されているだけです。知的不誠実との印象が残りましたが、この非難はあたらないでしょうか？

## ピンポイント解説

### 文民条項の導入の経緯──年表

**導入までのＧＨＱと日本政府の「交渉」**

**１９４６（昭和21）年**

8月19日　マッカーサーから吉田首相にシビリアン条項を要求。だが、９条で全面的に戦争を放棄しており、**不必要と回答**。**沙汰やみ**になる。

8月24日　**芦田修正**を盛込んだ改正案を衆議院が可決。貴族院へ送付。

9月24日　極東委員会の意向を受け、ＧＨＱがシビリアン条項導入を吉田に**再び要求**。

10月6日　**文民条項を入れ修正**した憲法改正案を貴族院が可決（7日、衆議院が同意）

《解説》

日本政府は当初、まったく軍隊がなくなるとの想定の下、ＧＨＱから指示された文民条項をいったんは拒否した。その時はそれで収まったが、芦田修正がなされると、その後、極東委員会が強い意向を示した。それを受けＧＨＱが再度、導入を強く迫ると、今度は拒否しきれず、導入を決めた。極東委は、いずれこの憲法の下で日本に軍隊ができるとの解釈に立ち、それならば戦前の失敗（軍部大臣現役武官制）を繰り返さないようにとの意図から、強く要求したのである。

## 15　基地提供と集団的自衛権

憲法九条をめぐる論争をたどっていますと、不思議なことに遭遇します。少し長い年数で見ると、一貫しない議論が出てくるのです。大騒ぎした安保法制でも、何かがおかしいと思い、調べてみると、奇妙な議論がありました。

以前、日米安保の反対論に、基地提供は集団的自衛権の行使に他ならない、という主張があったはずです。それを忘れたふりをして、今回初めて集団的自衛権に踏み込むかのように語るのは、おかしいことだったのではないですかね。

**局外中立と集団的自衛権**

私が「ああ、そう言えば……」と思い出したのは、一九七〇（昭和四十五）年前後の大学紛争でのアジ演説です。「日本の米軍基地からベトナムに爆撃機が飛立っているのだ。日本は戦争に加担しているのだ」と語られていました。

あながち無茶苦茶な議論ではありません。基地の提供には、外国の武力行使への協力と見られる面があるのです。

湾岸戦争の頃ですが、私も必要に迫られ国際法のことを調べました。基地提供は中立国には許されないとの理解を得たのは、その時のことです。

何もわからなかった若い頃は、中立はその国が宣言さえすればいいものと思っていました。私だけに限られることではなかったのですが、メデタイ話です。中立を宣言するだけではダメなのでして、戦争を放棄する場合、周辺で戦争が生じると、中立の立場の国としていくつかの義務を負い、それを果たさなければならないのです。

戦っている諸国の一方に、軍事的援助を与えないという「避止《ひし》義務」は当然ですが、他に、領土を基地として使わせない、通過させないという「防止義務」もあるのです。そうでないと相手の交戦国が困るからです。

これを重視するのは、この中立国の義務こそが、非武装中立論の「アキレス腱」だと思ったからです。こういう中立国の義務を果たすには、他の国が自国領土を利用するのを排除する実力がないといけないからです。武装中立なら別かもしれませんが、非武装では無理なのでして、これが非武装中立論の最も重大なウィーク・ポイントだと思ったのです。

非武装中立論に支持が多かった時代にどうしてこの議論が広まらなかったのか、不思議に思ったものでした。もちろん、当時から主張する人もいまして、国際法の田岡良一・京大教授（当時）らが代表的存在です。しかし、非武装中立論が猖獗《しょうけつ》を極めていた時には、そういう正論には耳を傾けられなかったようです。

## ベトナム戦争でも攻防

さて集団的自衛権に話を戻します。他国の戦争に関わらず、中立と見てもらえるにも、厳しい条件を満たさないといけないのですから、基地を提供している日米安保体制など、歓迎しない国にすれば立派に集団的自衛権の行使だ、ということになります。

ということは、日本はすでに集団的自衛権を行使しているのでして、護憲派もその点から政府を攻撃していたはずだ、と思いいたりました。それに時間がかかったのは、不都合なことは黙っている人がいるからです。

調べてみたら、見つかりました。浅井基文《もとふみ》氏の『集団的自衛権と日本国憲法』などが、さしずめその一例です。外務省出身ながら、かなり左派的な国際政治学者ですが、少し前の二〇〇二（平成十四）年にはこう書いていました。

「外国軍に基地を提供し、その使用を認めることは、国際的に見れば、集団的自衛権の行使そのものです」と。

そして、一九六〇（昭和三十五）年の安保改定で入った事前協議制にふれています。

——戦闘作戦行動に基地を使う場合、日本政府と事前に協議するというものです。アメリカの軍事行動はこの「事前協議の対象」だったから、ベトナム戦争につき事前協議を要求すべきだったのに、それをせず、「自由な使用を認めて」しまい、日本政府は「自らの行動でこの制度を無意味なもの」にしてしまった、と非難しています。

いずれにせよ、すでに集団的自衛権を行使との判断に立つものですが、その浅井氏は、二〇一四（平成二十六）年に出た『すっきり！わかる集団的自衛権Q＆A』では、どう書いているでしょうか。

「集団的自衛権の行使に当たるのではないかとする疑問が早くから出されていました」というだけなのです。これでは論争が成り立たないではないのでしょうか。

ベトナム戦争の最中の一九六六（昭和四十一）年のことですが、当時の椎名外相が、基地の提供は相手国から見れば集団的自衛権の行使と見なされうることを認める答弁をしています。

――「日本が安保条約に基づきアメリカ軍に施設区域（基地）を提供していることは、一般論として、北ベトナムから敵視されて、攻撃される危険がありうる」と述べているのです（川村俊夫『日本国憲法攻防史』）。

## 内閣法制局の「定義」がヘン

そこで、佐瀬昌盛・防大名誉教授の著作を読み直してみると、ズバリ本質を突く議論が見つかりました。――吉田内閣が結んだ一九五一（昭和二十六）年の旧安保条約の前文を読んでみよ。《注目すべき一節があるぞ》というのです。

その前文には「国際連合憲章は、すべての国が個別的及び集団的自衛権の固有の権利を有することを承認している」という文章がまずあります。その先が問題です。何と、こう続いているのです。

――「これらの権利の行使として」日本国は「日本国に対する武力攻撃を阻止するため日本国内及びその付近にアメリカ合衆国がその軍隊を維持することを希望する」と。

日本に米軍を維持するというのは基地を置くことですから、基地提供により集団的自衛権を行使する、とハッキリ書いてあるのです。条約文ですから解釈云々《うんぬん》の以前の問題でして、反対する野党ばかりか、政府与党も集団的自衛権を行使していると認めていたのです。

それが一九六〇（昭和三十五）年の新安保条約で変わったということでもないようです。安保改定の時に岸信介首相がこう答弁しています。

――集団的自衛権の「最も典型的なものは、他国に行ってこれを守る」ことだが、「それに尽きるものではない」。「他国に基地を貸して、そして自国のそれと協同して自国を守るというようなことは……集団的自衛権として解釈されている点でございまして、そういうものはもちろん日本として持っている」。

こうしてみますと、我々は何か錯覚に陥っていたことに気づきます。それはなぜだったのかを振り返ってみますと、二〇一四（平成二十六）年まで金科玉条《きんかぎょくじょう》のようにされていた一九八一（昭和五十六）年の政府解釈（答弁書）につきあたります。そこでは集団的自衛権の定義に、「実力をもって」阻止する権利というように、「実力」の文字が入っているのです。

「この見地に立てば……」と佐瀬氏は続けます。米軍への基地提供は「『実力をもって』する行為ではないのですから、集団的自衛権の行使とはみなせないのかもしれません」。だが、これは定義の変更によるもので、そこから解釈が変えられることとなっている、というのです（『いちばんよくわかる！　集団的自衛権』）。

こうして《集団的自衛権を保有する、しかし行使は不可である》との政府解釈へ、手品のように結論が変えられていた、というのです。

あれだけ「解釈改憲はダメだ」と護憲派の学者は言っていたのですが、解釈変更もあり、それも定義の変更によるものだったのです。基地の提供も集団的自衛権の行使だったはずが、いつの間にか実力をもってする行為だけが集団的自衛権の行使となっていたのです。練りに練ったもののように言われた、内閣法制局の政府解釈も、タネ明かしをされてみれば、トリックのようなものにすぎなかったのです。

「護憲派」はそれまで内閣法制局を、保守党政権に追随しているとして厳しく批判していましたが、急に持ち上げるようになっています。あたかも法制局が一貫した解釈をしてきたかのように言っているのですが、実態はこういうことだったのです。

こういうことは「立憲主義」を言う人こそ、問題にしなければならなかったのではないでしょうか。また、解釈の変更はどんなものであれ許されない、というような主張も、立憲主義に即していたでしょうか？

吉田内閣の「戦力」の解釈変更など、問題にしていたはずの護憲派憲法学者が、忘れたフリをして、集団的自衛権で初めて解釈変更がなされるかのように言うのは、どうなのでしょうか？

最高裁の判決にも、解釈の変化が見られます。私の狭い専門の選挙制度の「一票の格差」がその好例です。衆議院について許容範囲を三倍未満としていたのが、急に厳しくなって、二倍未満と言い出しているのです。

適切な限度内の解釈変更は、憲法を生かすためのものなのです。都合に合わせ、九条の時だけ騒ぐのは止めにしてもらいたいと思うのですが、どうでしょうか？

## ピンポイント解説

### 中立と中立国の義務

**防止の義務には実力が必要――中立国の３つの義務**

| | |
|---|---|
| 防止の義務 | 交戦国の一方に有利な行為を防止する義務<br>（交戦国の軍隊が中立国の領域を通過するのを実力で阻止する義務など） |
| 避止の義務 | 交戦国への援助を慎む義務<br>（軍需品の供与、情報の提供、作戦の妨害などを慎む） |
| 黙認の義務 | 一定の不利益を黙認する義務<br>（海上での戦時禁制品の没収などを黙認） |

筒井若水編『国際法辞典』（有斐閣）、藪野祐三ほか編『国際関係用語辞典』（学文社）ほかを参照

《解説》

日本が他国の戦争に関わらないとすると、中立となる。中立には、スイスのように平時から中立を表明する「永世中立」の他に、個々の戦争で交戦国のどちらにも関係しない「局外中立」があって、日本はこちらになろう。中立国は国際法の上で、一定の義務を負うことになる。交戦国を援助しない「避止義務」と、不利益を黙認する「黙認義務」は、決意さえあれば果たせるかもしれないが、「防止義務」には領土などを利用させないようにする実力が必要となろう。

## 16　「なし崩し再軍備」のツケ

憲法九条の歴史に最も強く関わった人物となれば、吉田茂の名前を挙げるのに異論はないでしょう。なにせ二度にわたり、決定的な段階で九条に関わっているのですからね。そして、今日にいたる混乱のルーツは、吉田の政治手法に由来していますから、その「負の遺産」は軽視できません。

最初の関与は制定の時です。幣原《しではら》内閣の外相としてGHQと交渉し、草案をまとめるのに立ち会います。そして首相として、帝国議会で憲法案を成立させる際、《戦力全面放棄》との答弁をしています。

二度目は自衛隊創設にいたる段階です。警察予備隊、保安隊を経て、自衛隊となるのですが、複雑な手法をとりました。アメリカに対しては再軍備の要求を「拒否」しつつ、国内では実力部隊創設も「再軍備」ではないとのタテマエを通し続けます。そうしながら、事実上の再軍備たる自衛隊の創設を果たしたのです。憲法改正をぬきに、実力部隊の創設を押し切ったので、「なし崩し再軍備」と言われます。

### 「無駄な抵抗はしない」

状況は違いますが、似た課題を抱えた西ドイツでは、アデナウアー首相が正攻法をとり、憲法（基本法）の改正を訴えて、連邦国防軍を創設しました。その後もドイツは必要に応じて改憲を重ね、状況に対応しています。

これに対して日本は、いずれも「解釈変更」で対応してきており、それに抵抗する野党勢力は「解釈改憲」だとして反対してきました。そして、憲法九条が戦後最大の政治的な対立基軸となったのです。

まず憲法制定期ですが、吉田の性格からして、占領下では無駄な抵抗はやめ、早く講和を実現し、独立回復後に自主的に憲法を定めるとの方針だったと思います。

私がそう思うようになったのは、吉田が外相として、憲法草案の作成でGHQと交渉にあたり、その時の実感から《すべては独立してからだ》との気持ちになった、と推測されるからです。

首相辞任後、占領下の憲法制定の制約をこう書いています。総司令部も「建前としては、飽くまで日本政府の自主性に任せるという態度」だったが、実際は「外国との条約交渉」と似たもの、いや「条約交渉の場合よりも一層〝渉外的〟」だったと（『回想十年』第二巻）。

この文章には彼の実感が滲《にじ》み出ています。吉田と一緒に立ち会った白洲《しらす》次郎が「『今に見ていろ』と云う気持抑えきれず、ひそかに涙す」という有名な言葉を書き残していますが、この過程でのことです。

あとは早く憲法案を成立させることに専念したようで、理由をこう言っていたといいます。「日本としては、なるべく早く主権を回復して、進駐軍に引揚げてもらいたい」。そしてGHQにかけた言葉遊びに、ゴー（go）ホーム（home）クイックリー（quickly）〔早く国に帰れ〕というのがあると紹介して、「そのためには、連合国に対し、再軍備の放棄、徹底的民主化の完成という安心感を与える必要がある」と書いています（同）。

軍備を放棄して大丈夫かと聞かれると、「占領軍が引き揚げた先のことは予想がつかない」と答えたようで、現実には占領軍が駐留軍と名を変えて残りました。占領中は米軍が守ってくれると信じていたようです。

問題は、次の段階の変則的《再軍備》の方が重大です。私自身も複雑なことがわからぬ学生の頃は、誰もが「再軍備」と言っているのに、吉田は「米国の再軍備の要求を拒否し続けた」などと書いてある本もあって、混乱したものです。タテマエでは「軍備」ではないとの線を崩していないのですから、理解は容易ではありません。別にこちらの頭のせいではではなく、吉田の無茶のためなのです。

政敵となった鳩山一郎は、この「なし崩し再軍備」に、「改憲・再軍備」の立場から批判を加えました。吉田の保安隊創設の手法につき、「軍隊ではないといいながら、実質的に軍隊をこしらえていくことは、はなはだしく不明朗」であり、「政治のごまかしの上に生れた軍隊ならば、日陰者みたいなことになつてしまう」と。

ここにある《日陰者》という表現は、ずいぶん普及しました。自衛隊に反対する勢力は、憲法に基づかない存在だということで、《税金ドロボー》呼ばわりまでしたものです。

## 解釈変更を重ねる

少し経緯をたどってみます。

憲法審議の段階ですが、吉田は一九四六（昭和二十一）年六月にこう答弁しています。——九条二項で「一切の軍備と国の交戦権を認めない結果、自衛権の発動としての戦争も、又交戦権も放棄したものであります」。《無条件の戦力の放棄》という説明です。

同年十一月に憲法が公布され、翌一九四七（昭和二十二）年五月に施行されますが、三年で様相が一変します。一九五〇（昭和二十五）年六月に朝鮮戦争が勃発するのですが、アメリカの強い要請で、八月に警察予備隊が創設されます。

まだ占領下でしたので、法律ではなく「ポツダム政令」で決められました。GHQの命令での創設という形をとって、国内で政治問題となるのを回避したのです。

一九四五（昭和二十）年の終戦時とは国際環境が大きく変わっていました。当初は米ソ協調での国連中心の平和が期待されていたのに、「米ソ冷戦」となり、アジアでは「熱戦」となったのです。予兆はあり、マッカーサーは五〇年の「年頭の辞」でこう述べています。

——「この憲法の規定はたとえどのような理屈をならべようとも、相手側から仕掛けてきた攻撃に対する自己防衛の冒《おか》しがたい権利を全然否定したものとは絶対に解釈できない」と。

この演説にふれると、どうしてもマッカーサーの胸中を推測したくなります。一九四六（昭和二十一）年には、部下に対し、日本は「自己の安全を保持する手段としての戦争」をも放棄する、と書くよう命令していたのですからね。

信念があってしたことではありません。部下の助言があって、途中で引っ込めただけです。数年後のこの時は、変えておいて良かったと、胸をなで下ろしていたことでしょう。変更しないままだったなら、《自衛はＯＫ》などとはとても解釈できなかったからです。

## 「戦力に至らざる軍隊」との乱暴な説明も

さて、この時の吉田首相の説明です。タテマエでは治安維持が目的でしたから、「戦力」云々《うんぬん》の説明はなく、「警察予備員七万五千人を組織し……治安維持に万全を期す」というだけでした。警察予備隊令一条はこうなっています。「わが国の平和と秩序を維持し、公共の福祉を保障するのに必要な限度内で、国家地方警察および自治体警察を補う」。

一九五二（昭和二十七）年に、警察予備隊が改編で保安隊が発足すると、「戦力」についてアレコレ説明が始まります。この時は独立を回復していましたから、保安庁法という法律で設けられました。「戦力」との関係での説明も求められ、統一見解が出ています。

――九条二項は「戦力の保持を禁止しているが」、その戦力とは「近代戦争遂行に役立つ程度の装備編成を備えるもの」をいい、保安隊はそうではない、というのでした。

そして一九五四（昭和二十九）年の自衛隊創設にいたるのですが、ここで「防衛」が法律上、目的に掲げられます。「戦力」にあたらないかとの質問に対し、吉田は「戦力にいたらざる軍隊」という乱暴な説明もしていますが、それだけでは困ると思ったのか、政府は統一見解を示しています。

そこには、自衛隊は「自衛のための任務」を有するが、「その目的のため必要相当な範囲の実力部隊を設けることは、何ら憲法に違反するものではない」とあります。

ただ、これは正確には吉田内閣のものではなく、後継の鳩山内閣の見解です。しかし、交代して半月後ですから、吉田内閣で準備していたものと言っていいでしょう。

さて、こうしてみますと、一貫性を欠いているのは明白です。まず吉田の最初の答弁は、解釈が狭すぎました。それにも関わらず、その後、改正抜きで進めましたから、「なし崩し再軍備」との非難も当然でしょう。

あとは苦しい解釈変更しかなく、それを担った内閣法制局は、以前は厳しい批判の的でした。この数年は内閣法制局も、護憲派に持ち上げられることが多くなっているようですが、護憲派の「ご都合主義」も少しひどいと思われます。

解釈改憲はよくないとも言われますが、吉田内閣では何度も解釈変更がなされていたのです。

これで立憲主義が守られているかどうかは議論があるでしょうが、最高裁が自衛隊を違憲と認定しているわけではありませんので、解釈変更が絶対に容認されないものかどうかは、単純でありません。

この辺の問題は、すべて吉田内閣の《再軍備》に由来することです。吉田のツケは大きいと言わなければなりません。

**ピンポイント解説**

**吉田内閣の九条解釈の変遷**
**「一切の軍備なし」から「自衛に必要な実力」へ**

**憲法制定時（1946〈昭和21〉年６月）の答弁**
「一切の軍備と国の交戦権を認めない結果、自衛権の発動としての戦争も……放棄」。
**保安隊の発足時（1952〈昭和27〉年）**
２項の禁じる戦力は「近代戦争遂行に役立つ程度の装備編成を備え」るもの。
**自衛隊創設時（1954〈昭和29〉年）**
自衛隊は「自衛」の任務を有するが、「その目的のため必要相当な範囲の実力部隊を設けることは、何ら憲法に違反するものではない」（吉田内閣直後の鳩山内閣政府見解）。

《解説》
敗戦国日本は憲法改正を避け、上のような解釈変更で自衛隊を創設した。同じ敗戦国のドイツは、冷戦が明白となった1949年に基本法を制定したが、防衛権は否定せず、侵略戦争の禁止にとどめていた。フランスなど周辺国に対独警戒心が強かったので、再軍備は国際社会の動きの中で進められ、ＮＡＴＯ加盟に合わせ、1952年の明文改正で態勢が整えられ、1956年に再度の基本法改正で国防軍を創設した。

## 17　消された党派——社会主義再軍備論

ここ数年、集団的自衛権をめぐる政争を見ていますと、改めて戦後政治の対立構図が根強く残っていることを感じさせられます。勢力の呼称こそ変わってきていますが、憲法・防衛をめぐる「保守」「革新」の対立図式が、変わらぬまま今も続いているのです。

変わったのは「保守」に対抗する側の呼称だけです。「革新」がすたれ、今は「リベラル」など呼称はバラバラですが、構図は同じです。私も以前、「保守」対「水割り革新」という説明を試みたことがありますが、ここでは単純に「右派」「左派」という言葉で話を進めることとします。

「革新」という言葉は、戦前は「革新将校」や「革新官僚」などと、右派的な意味で使われていましたから、戦後になってそれを左派が自称したり、他称として定着したりしたのは、デタラメもいいところでした。その「革新」が使われなくなったのは幸いでした。私も一九八〇年代の早くからそのことを、力を入れて説いていたのでしたが、当時は相手にされませんでした。

変わったのは米ソ冷戦の終結のためでしょう。日本の論壇は論理では勝ち負けがつかず、周囲の客観情勢が変わるまで奇妙な理屈が幅を利かせる、不思議な世界なのです。

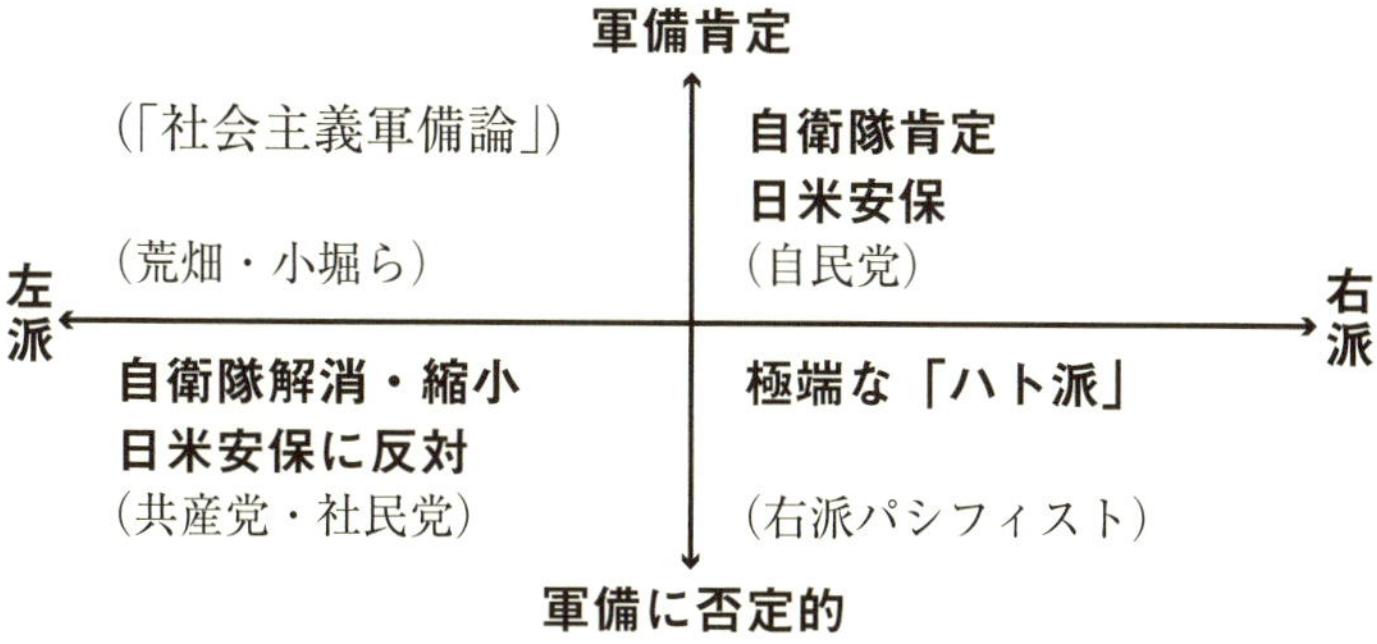


## 左派に軍備肯定の勢力が不在

さて、先の「保守・革新」の構図は、終戦から五年ほどした一九五〇（昭和二十五）年頃からでき始め、五五年の自民党 対 社会党の「五五年体制」で固まったものです。右派（「保守」）の自衛隊肯定・日米同盟に対して、左派（「革新」）がそれに反対するという構図です。

右派・左派の存在それ自体は、どの国にも共通しています。主に社会・経済体制をめぐって対立しており、右派は「自由」を重視し、左派は「平等」をより重視する、といった説明がなされます。具体的には、右端にファシズム（ないしは右派権威主義）があり、あとは順に保守主義、自由主義、社会民主主義（＝民主社会主義）、共産主義が位置しています。

わが国の政治が変則的なのは、このような右派・左派の対立に、防衛・安全保障の対立がほぼ完全に重なっていることです。海外の大半の国ではこういうことはなく、軍備・安全保障での政策の相違は、右派・左派とあまり関係ありません。左翼の旧ソ連や中国、北朝鮮が、別に非武装や軽軍備を目指していないことを考えてみてください。

そうしますと、図の左上に位置する勢力がないこと（ないしは極端に弱いこと）が日本の政治対立の最大の特徴だとわかります。右下には宗教的勢力などに見られる、右派のパシフィスト（絶対平和主義者）が位置しますが、これも厳格な勢力は少数でしょう。とすると、右上と左下が基本をなすような構図になっているのです（右下には、「水割り平和主義」のような主張をする「保守ハト派」を位置づけることができるかもしれません。これについては節の末尾でふれます）。

こういう図式になるについては、共産党が《防衛戦争は肯定せよ》という立場から、《九条改悪反対》へと態度を変えたのが一大要因でしょう。そして、実はもう一つ見落とせない要因があったのですが、そちらはどうも忘却の彼方に追いやられているようです。よほどの専門家でないと、今では歴史的存在としても知られていません。

荒畑寒村《あらはたかんそん》、小堀甚二《こぼりじんじ》、對馬忠行《つしまただゆき》らの「社会主義再軍備論」という立場がそれです。階級闘争を重視する労農派マルクス主義者のグループでして、ソ連・東欧など現存の「社会主義諸国」（東側諸国）に近い経済体制を目指しながらも、旧社会党、共産党など左派主流勢力の「再軍備反対」とは別の主張をした勢力です。

わが国で左派の主流となった「革新」勢力に嵌《はま》りきらない主張をしていた勢力です。いや、傍流に追いやられ、ほぼ消滅させられた勢力、という方が正しいかもしれません。「消された党派」と呼びたくなります。

一九五〇年代に政治活動を展開していたのですが、六〇年代末には忘れられた存在となっていました。恥ずかしながら団塊世代の私も、植村秀樹氏の『再軍備と五五年体制』を読むまでは、この党派のことを知りませんでした。

十歳も上の世代でしたら、かなり知られていたのかもしれませんが、左翼の闘争はすさまじく、敗れた後は存在しなかったかのようにされるのですね。政治宣伝も徹底していますから、歴史から「消された党派」となっています。

彼らが論争した相手は、共産党のほか、山川均《ひとし》や向坂逸郎《さきさかいつろう》などの社会党主流派です。荒畑らは「軍備は国家の属性」であり、資本主義国だけでなく社会主義国も軍備を有しているとして、自衛のための武力を肯定する議論を展開しました。再軍備を吉田ら「反動勢力」の手に委ねず、軍隊の民主化を進め、文民統制を確立しなければならない、と強調した勢力です（山本拓実『もうひとつの講和論争』）。

## 社会党主流派との論争

たとえば荒畑は、次のように辛辣《しんらつ》に社会党や山川、向坂の無軍備論を批判しています。「民主主義国の憲法は国民の意志によって作られなければなりませんが、すでに占領治下にあって占領軍からディクテートされて作られたことが明白になった今日、これは改正はむしろ当然の帰結ではないでしょうか」といった調子です。

これはキツーイ皮肉の効いた文章です。英語でディクテーションというのは、中学や高校で、読み上げられた英文を正しく書取る試験だったのを憶えていることでしょう。

「独立国が侵略をうけた場合にすら、交戦権をもたぬと云うが如きは明かな矛盾でありま す。……侵略戦争は絶対に行わないと云う規定は勿論《もちろん》私たちの遵守しなければならぬところですが、然し矛盾や不合理まで改正してはならぬと云うのでは、千古不磨《せんこふま》の大典と称せられていた欽定憲法と選ぶところはありません」。

これは、彼らの拠った月刊誌『自由の旗のもとに』の一九五三（昭和二十八）年二月号に発表されたものですが、憲法案審議の際の共産党の公式的な立場に近い見解ものです。社会党でもこういう見解の人が多かったのですが、わずか数年で一変し、少数派となり、「消された党派」になってしまっているのです。

共産党は一九五〇（昭和二十五）年に国際共産主義組織（コミンフォルム）から批判され、大混乱に陥った後は、「再軍備は憲法違反」と言うだけになりました。最大野党だった社会党内でも、再軍備反対派が多数を占めるようになりました。

右派勢力は党から追い出され、民社党を結党しますが、左派の中の「社会主義再軍備論」は少数派となって、消滅にいたることとなったのでした。

## 小堀・荒畑の「再軍備」の主張

もう少し、彼らの主張を見てみましょう。荒畑以上に熱心だったのは小堀甚二でして、痛烈に主流派を批判しています。「国連の集団安全保障というものがあれば、防衛なんて必要ないじゃないか」という主張に対して、こう説いています。

「ばか言っちゃいかんよ。国連というものは、各国の軍隊が力を合わせて、集団的に各国の安全を保障しようと言うのだよ。だから各国の軍隊がなかつたら、国連の集団安全保障もないよ」（『再軍備論』）。

また、社会党の憲法論については、こう一蹴《いっしゅう》しています。「社会党は『平和憲法』を無軍備論の有力な根拠としている。あたかも憲法が国民のためにあるのではなく、国民が憲法のためにあるかのようである」。

小堀らは、このような立場から西側陣営に与することも肯定しています。彼らの経済体制論は別にして、これは西欧の社会民主主義政党に見られる立場でして、特に変則的な主張ではありません。だが、わが国ではこのようなグループは、安全保障論で一定の勢力を占めることができずに終わりました。この意味はきわめて大きいと思われます。

似たような状況にあった西ドイツの社会民主党では、フリッツ・エアラーなど軍事専門家が育ち、党内の非武装平和主義者の反対を押し切って、文民統制の確立のための確たる再軍備の法制化に積極的に参加しています。

その結果、西ドイツ、さらには統一ドイツでは、国防軍について軍国主義復活といったことが語られなくなりました。日本でもこのグループがもっと影響力を保っていたなら、別の展開となっていたことでしょう。惜しいことです。

## 日本の政治対立のもう一つの変則性

最後についでながら、日本政界のもう一つの変則性にふれておきましょう。右派勢力にも軍備に消極的な勢力が少なくないことです。ただ、こちらは濃淡さまざまです。

最も徹底しているのは宗教的なパシフィスト（絶対平和主義者）でしょう。欧米ではプロテスタントのフレンド教会（クエーカー）に見られる絶対平和主義で、良心的兵役拒否などと関係するのは主にこの勢力です。別に左派でなくとも、絶対非戦を主張します。日本ではごく少数かと思います。

日本に多いのはこれとは異なり、軍備を全否定するのではなく、ただ《最小限》と言うような「ハト派」です。この層が厚いのもアイマイな《戦後平和主義》の特徴でしょうか。

トラ・アンジェリコ（日本人か？）はこの「ハト派」につき、四タイプをあげています。「①現実のきびしさを理解できない幼稚バト、②断固たる態度をとる勇気に欠ける臆病バト、③ハト派的言辞を弄《ろう》した方がマスコミの受けがよいと考えている俗悪バト、④自分たちの意見に同調しない非ハト派を発見すると狂暴化するタカバト」（『天使の辞典』）。

## ピンポイント解説

### 一部の「非武装中立論」の隠された意図

**「非武装中立」は野党のうちだけ？——向坂氏がホンネもらす**

**田原**　いまの政治体制でなく〔なり〕、日米安保条約も破棄されたとする。……その場合……やはり非武装中立ですか？

**向坂**　〔そうなった時に〕軍備があった方がいいか、ない方がいいか考えればいい。

**田原**　そのとき……あらためて考える？　すると、必ずしも非武装中立ではない？

**向坂**　そうです。

**田原**　現在の体制、つまり、社会主義政権でない間は、非武装でいくべきだ、と。

**向坂**　そうです。

《解説》

旧社会党の党内論争は早く決着がつき、社会主義再軍備論が敗れ、非武装中立論が支配的となった。非武装中立論に対しては、早くから保守派の小泉信三氏らが、その一部は「親ソ反米の下心」から唱えられていると批判していた。だが、それは明確にならないまま推移した。しかし、社会党最左派の社会主義協会派指導者・向坂逸郎《さきさかいつろう》氏が雑誌『諸君！』（1977年７月号、田原総一朗氏インタビュー）でホンネをもらした。

## 18 「吉田ドクトリン」と九条

ネーミングが大事なのはビジネスの世界に限りません。政治の世界も同じでして、良い名前がついていると、内容が空虚でも内実があるように受止められ、通用してしまうことがあります。私の専門の一つ、選挙制度では、旧中選挙区制は日本だけの変則的制度でしたが、ある東大教授がもっともらしい名前をつけ、他の人もみなその線で記述していたので、正統的な制度と思い込まれていました。

欧米では選挙制度といえば、「比例代表制か多数代表制（小選挙区制）か」と、二類型で考えられているのですが、日本ではそうなっていません。比例代表と多数代表に並んで、中選挙区制のような「少数代表制」の制度があると信じられているのです。

そして次が大事な点です。日本にしかない変則的な旧中選挙区制も、三類型の一つとなれば、立派な制度のような気になるのでして、変える必要はないと思うようになります。ネーミングが正統性を付与するというのは、そういう作用です。

**「吉田ドクトリン」は言葉で正統化された**

憲法九条との関連では、こういう現象があります。保守派にも「吉田茂の路線を守れ」という人が少なくありませんが、それを「吉田ドクトリン」などと呼ぶと、立派な内実があるように聞こえるのです。この言葉を広めたのは、東工大教授・永井陽之助氏でした。『平和の代償』などを著し、高坂正堯《こうさかまさたか》氏らとともに「新現実主義派」として活躍した永井氏でしたが、次第に立場を変えていきました。八〇年代に岡崎久彦氏らを「軍事的リアリスト」と呼んで論敵に据え、自らは戦後の外交路線を擁護する「政治的リアリスト」と言い始めたのです。

その時期の代表作が『現代と戦略』でして、軽武装・経済重視の路線を「吉田ドクトリン」と呼んで擁護したのです。そこには《改憲はしない》との意味が込められていました。「ドクトリン」という英単語は、宗教上の「教義」から政治上の「政策」「原則」まで、幅広い意味の言葉ですが、日本語では「政策上の公式宣言」という意味で使われます。「トルーマン・ドクトリン」「ニクソン・ドクトリン」が有名ですが、永井氏はこれを吉田の外交・防衛路線に使い、新味を出したのでした。

一九八〇年代は、アメリカにレーガン大統領が登場するなど、「新冷戦」となり、わが国では憲法改正論が浮上した時期でした。「吉田ドクトリン」とは、改憲をせず、軽武装でいく保守本流路線とされました。永井氏はそれを「永遠なれ」とまで主張しました。これ以後、この言葉は定着していったのです。

もちろん吉田本人は使っていません。世間では永井氏が最初と思われているようですが、西原正《まさし》・防衛大教授が最初のようです。『体系民主社会主義・第六巻・国際関係』（一九八〇年）の論文に出てきます。注記では一九七八年の西原氏の英語論文がさらに古いようでして、これなら外来語が使われたのも合点《がてん》がいきます。問題は、吉田がドクトリンというほど信念をもって進めたとは思われないのに、永井氏が敢えてドクトリンと呼んだことです。

これが保守本流の路線として正統化されることにつながりました。最近も自民党岸田派を率いる岸田外相が宏池会の「吉田路線」を継ぐと言い、憲法改正に距離を置くことを表明しました。民主党でも枝野書記長らが、安倍首相の右派路線に対抗するとして「宏池会路線」を口にしています。このように吉田ドクトリンは一人歩きしています。

なぜ吉田は経済に専念し、軍備を最小限にする政策を選んだのでしょうか？　まず吉田の性格です。岡崎久彦氏は「そもそも吉田は、ドクトリンなどにはもっとも遠い世俗的人物である」と書いています（『吉田茂とその時代』）。戦争直後の経済力からして、本格的再軍備に耐えられないとの判断のためであって、状況が変われば別の判断があったという見方です。

ドクトリンとの命名は、吉田の政策を、単なる「政策・原則」を超えて、宗教に近い《教義》の意味でのドクトリンに高める一因となったようです。「ハト派」を自称する政治家の歓迎するところとなり、憲法改正不要論の一つのルーツとなりました。「世渡り上手な手合いにとって」、吉田ドクトリンが自分を正当化する「絶好の隠れ蓑《みの》」になったと評されます（田久保忠衛『憲法改正、絶好のチャンスを逃すな！』）。

九条は「神学論争」と言われるように、もともと宗教じみていますが、ドクトリンの命名は「宗教教義」に近いものを創り出す結果となったようです。吉田の外交・防衛政策を調べ、『再軍備と五五年体制』を著した植村秀樹氏も、「吉田が便宜的に採った政策が、意図とはかかわりなく……結果的に定着してしまう状況が生まれた」との結論です。

吉田の政策も、首相在職時の政策としては「それなりに合理的」との判断を下す人は少なくないのですが、時代が変わり、状況が変われば話は別、という論者が多いのです。先の西原氏は「『吉田ドクトリン』の有効性は経済大国としての日本が成立しつつあった六〇年代中期ですでに限界にきていた」としています。

## 吉田に「吉田ドクトリン」なし

頑固者の吉田は、在任中は自分の非を認めることをしませんでしたし、胸中も明かしませんでしたが、首相を辞めて十年たった一九六四（昭和三十九）年に、初めて相手を選んではっきり詫《わ》びています。これでもって、吉田が首相在任時に暫定的政策と考えていたと結論づけることはできないでしょうが、やはり吉田の思考法を理解する上で重要です。

首相在任中、私的顧問として協力してきた辰巳《たつみ》栄一氏にこう言いました。「君とは以前、再軍備問題や憲法改正についていろいろ議論したが、今となってみれば、国防問題について深く反省している。日本が今日のように国力が充実した独立国家となったからには、国際的に見ても国の面目上軍備を持つことは必要である」（湯浅博『吉田茂の軍事顧問　辰巳栄一』）。マルクスが「私はマルクス主義者でない」と語った話に倣《なら》いますと、吉田が生きていたら、「俺は吉田ドクトリンなど唱えていない」と語ったかもしれません。

他にも政治史を検討すると二つの事実が無視できません。第一に永井氏は、吉田の路線が「池田―大平―宮沢」と続く自民党・宏池会など保守本流に継承された、としましたが、本当にそうだったのでしょうか。話としてはよくそう言われますが、真相に迫ると怪しくなってくるのです。

池田については側近の伊藤昌哉《まさや》氏が『池田勇人とその時代』を残していますが、看過すべからざる言葉が記録されています。池田は外国と交渉する度、「日本に軍事力があったらなあ」とこぼしていたというのです。「日本は宦官《かんがん》のようなものだ。キンタマをぬかれた男というところか……」との言葉もあります。

吉田茂の外交・防衛政策と九条への姿勢は、かなりユニークものでして、「路線」とか「原則」というものではなかったのです。それを「吉田ドクトリン」などと呼ぶと、吉田も信念をもって推進したように考えてしまうのですが、どうもそうではありません。

自民党が誕生した一九五五（昭和三十）年でいいますと、憲法改正が党是として掲げられたように、保守派の間では、《憲法を改正せずに再軍備をする》という吉田の政策をそのまま継承する「空気」は希薄だったことを思い出さないといけません。

それを「宏池会路線」などと言うと、間違ってしまいかねません。永井氏は他に官庁相互に対立があるかのように書いています。――再編前の旧官庁名ですが、「大蔵省、経済企画庁、通産省など強力な経済官庁」は、「吉田ドクトリン」に忠実な勢力で、「外務省、防衛庁、自民党右派のタカ派連合」が対抗している、としていたのです。

簡単に言うと「ハト派」「タカ派」の対立ですが、このような色分けは人々の思考を混乱させる結果になりかねません。相違のみが際立たせられて、類似点が忘れられるからです。認識を精確なものにするよりは、歪めるものだったように思うのです。

### 吉田の裏での「工作」もあった――信念とは別

もう一つ重視したいのは、「吉田神話」が年数を経る度に一つ一つ覆《くつがえ》されていることです。ここではその一つを紹介します。

――吉田は、アメリカの再軍備要求を「拒否」したと言われていますが、一九五一（昭和二十六）年の対米交渉では、「米国側の要求に折れる形でひそかに再軍備を行う意思を伝えて」いました。講和発効と同時に、「日本が再軍備計画に乗り出すことが、必要となろう」と、確言しているのです。

読売新聞が入手し、一九八二（昭和五十七）年九月二十日にスクープしていますが、この文書は「日本側の申し入れで秘密」にされたといいます（読売新聞20世紀取材班『20世紀　高度成長日本』)。

これだけでも、吉田の「再軍備への抵抗」は、怪しいものとなってきませんか? とても信念を持って、再軍備を「拒否」したとは思えません。吉田の政策は「ドクトリン」にほど遠いのがわかるかと思います。

結局、「吉田ドクトリン」は内容空疎な言葉だと思うのです。ただ、その言葉が一人歩きし、大きな影響を持ってきており、その事実をよく認識しておく必要がある、ということです。言葉が広まっていなければ、「ない名は呼ばれず」で、単に「吉田路線」とでも言うしかなかったでしょう。そうであったなら、人々は意識しませんから、曖昧模糊《あいまいもこ》としたものとして消えていたかもしれません。「吉田ドクトリン」の言葉は、吉田の便宜的な政策を、信念に基づくもののように思わせ、正統化するよう作用した、と言っていいでしょう。それを江藤淳氏は「規範化」と呼んでいます。その上手な説明を紹介し、この稿を締め括ります。

まず江藤氏は吉田の憲法観を白洲次郎に語らせています。「その時その時をとらえて、勘を働かせて、ちょっとでも取れるものを取って行く。状況が変わればまた別のものを取るというのが、じいさんのやり方だ。プリンシプル〔原則〕なんてありはしないんだよ」。

そして江藤氏はこう書いています。「『吉田政治』の中にありもしなかったプリンシプルを、あったかのように考えることは極めて危険」である。吉田政治の「規範化、絶対化」など、到底支持できない、というのです(『同時代への視線』)。

## ピンポイント解説

### 欧米の政治対立と日本の政治対立

**欧米の政治対立**（1次元的）

社会・経済的対立が主軸で、外交・防衛は相違が小さい。左右両極は支持者が少ない。

**日本の政治対立**（2次元的）

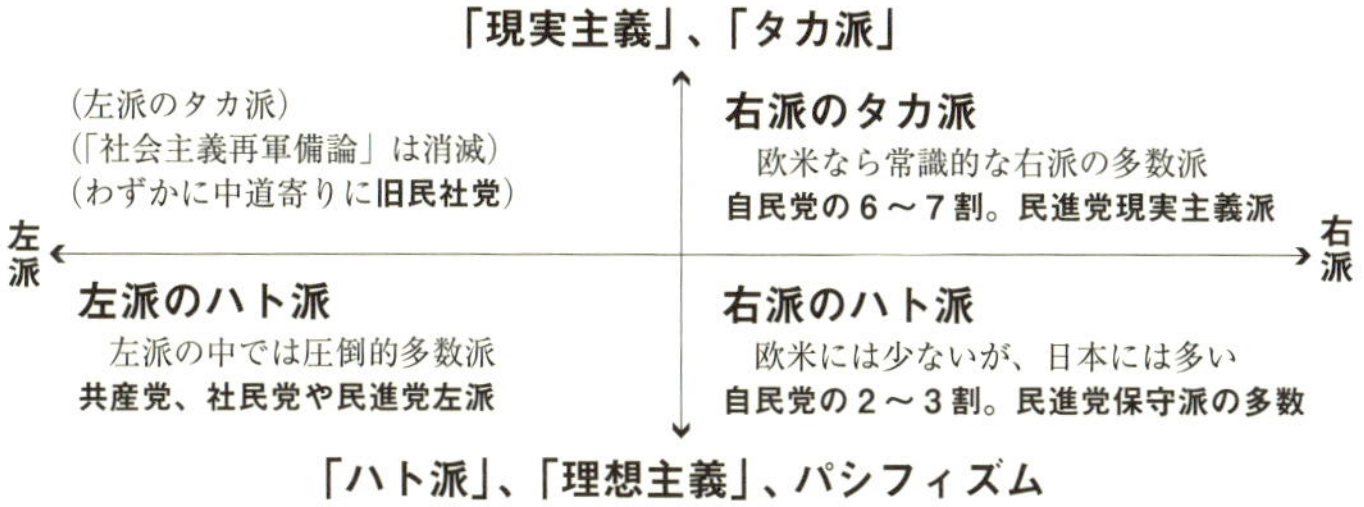


《解説》

「タカ派」「ハト派」は外交･安全保障政策について言われ、９条論ではよく出てくる。欧米にも存在するが、「政争は水際まで」と言われるように、対立の幅は小さい。日本ではこの軸が政治対立の主要基軸として残り、左右軸と並んで２次元だ。他の先進国に比べ、量的にはタカ派が少なく、ハト派が多い。それだけ比重がハト派に寄っている。両派の主張もかなり隔たっており、左派にパシフィズム（絶対平和主義）勢力が厚く存在しているのも特殊な点だ。

## 19　憲法九条と国連

本節では国際連合と九条の関係を扱います。少し詳しい方なら、国連の英語名が「ユナイテッド・ネーションズ」（UN）で、これは大戦中の「連合国」と同じことをご存知でしょう。自分たちの陣営を指していた言葉をそのまま使っているのでして、手抜きというか、ひどい冗談のようなものですが、本質をも表しています。

戦勝国が創った機構ですから、日本やドイツなどがしばらく加盟できなかったのも当然です。敵国条項というのがありまして、加盟してからも敵国だった日本やドイツへの差別扱いが続きました。今は事実上、死文化しているというのですが、同条項はまだ削除されていません。削除の作業開始の決議がなされているようなのですから、国連憲章から早く削除してほしいものです。

国連の目的は、国際社会での平和と安全の維持にありますが、連合国の中核的諸国がそのまま安保理（安全保障理事会）の五大国となり、拒否権を有しているのも、国連の一面を示すものです。戦後は戦勝国が中心となって世界を取り仕切る、との決意を示したものと言っていいでしょう。

## 九条の背景には国連への期待――石橋湛山

日本の憲法も国連の構想と対応しているのでして、前文や九条の文言が何やら国連憲章の条文と似ているのも、偶然ではありません。GHQが九条でやっていけると考えたのも、国連と無縁ではありません。

占領政策では、「日本が再びアメリカの脅威とならぬように」とのGHQの占領目的が最も重要なもので、これが九条と関係しているのは容易に見て取れますが、「これからは国連があるから大丈夫」という楽観論が、九条の背後にあったのも無視できません。

しかし、戦勝国が協調して運営するとの国連の構想は「米ソ冷戦」で崩れていきます。この経緯をここでは石橋湛山《たんざん》という政治家を通じて追ってみます。

興味尽きない政治家で、今も人気は衰えないようですが、勝手な思い込みから、妙な持ち上げられ方をしている嫌いもあります。それには一言もの申しておきたい気持ちがあります。

戦前の自由主義言論人が戦後政界に転出し、一九五六（昭和三十一）年には自民党内閣の首相になったのですが、病気のためわずか二カ月で辞任しました。引き際が良かったのも人気の一因ですが、憲法草案にふれ九条の「戦争の放棄」につき、「痛快極まりなく感じた」と書いています。

自民党政治家にもこういう「ハト派」がいたとして、護憲派は湛山と言うと、この一節をよく引きます。しかし、湛山の九条讃美の背後には、国連への期待がありました。

――「国連を強化し、国際警察軍の創設によって世界の平和を守るという世界連邦の思想を大いに宣伝し、みんながそれに向かって足なみをそろえるよう努力する」。それ以外には方法がなく、日本も「国連を強化し、その威信を高めるために一段と努力しなければならぬ」としたのです(『全集』第十四巻)。

一九五〇(昭和二十五)年に朝鮮戦争の勃発後に書かれた論文では、彼の九条観がさらに明確になっています。湛山は日本の再軍備を受け入れているのです(増田弘著『侮らず、干渉せず、平伏さず』所収)。

――アメリカは日本に陸海空軍を再建させるつもりだが、「日本としては有難いことではない。しかし世界の恒久平和のためには、米ソ両陣営の対立をまず打破しなければならず、日本の再軍備もしばらく忍ぶほかない。憲法は『世界に完全なる安全保障制度が確立されるまで』との期限をつけて、しばらく効力を停止する。〔米国憲法の方式にならうこととし〕九条を憲法から削除する必要はない」としたのです。

あまり遠くない将来に、世界連邦の理想に近づきうると考えていたようで、この見通しは楽観的にすぎたと言わなければなりません。ただ湛山が、理想はともあれ、過渡期の状態にも責任を負う姿勢を見せていた点は重要です。単純な九条讃美ではないのです。

湛山の主張を読み、脳裏に浮かぶのは南原繁《なんばら》です。後に東大総長として全面講和論を主張し、吉田茂に「曲学阿世《きょくがくあせい》の徒」と呼ばれた、あの南原です。日米安保にも反対し、〈進歩的文化人の元祖《がんそ》〉の印象さえありますが、別の一面がありまして、制定時に《国連加盟の際、九条が障害にならないか》と質《ただ》しています。

国連は、侵略国が必ず制裁される態勢を整えることで、侵略する国が出ないようにする仕組みでして、国連憲章は武力制裁への貢献を加盟国に義務づけています。完全な非軍備ではそれが不可能になる、と言うのです。

「将来日本がこの国際連合に加盟を許される場合に、果たしてかかる権利と義務をも放棄されるという御意思であるのか」。それでは「日本は永久に唯《ただ》他国の好意と信義に委ねて生き延び」ようとする「諦念《ていねん》主義に陥る危険はないのか。寧《むし》ろ進んで人類の自由と正義を擁護するがために、互いに血と汗の犠牲を払うことによって相共に携えて世界恒久平和を確立するという積極的理想は……意義を失われるのではないか」としています。立派な正論です。

## 国連加盟での日本とスイス

わが国は一九五二（昭和二十七）年に国連加盟を申請しますが、ソ連が反対したために認められず、日ソ国交回復の後の一九五七（昭和三十二）年になって、やっと加盟できました。日本の国連加盟を受け、湛山は憲法につきこう述べています。

――「軍備すなわち徴兵といって、みなふれることをイヤがるが、国連に加盟して国際的に口をきくためには、義務を負わなければならない。国連の保護だけを要求して、協力はいやだというのでは、日本は国際間に一人前に立ってゆくことはできません」(『全集』第十四巻)。

日本は国連に守ってもらうことだけを期待してはならない、ということです。しかし、加盟の申請の際、日本政府は湛山の注文とは逆の動きを見せました。申請の文書でこう書いているのです。ジックリ読んでください。——「わが国の有するすべての手段をもって〔加盟国としての〕義務を遵守する」と。

意味するところは、《憲法九条があるので、加盟国としての義務のうち、やれないこともあります》ということです。典型的な「玉虫色」の表現でして、国内でしか通じないような姑息《こそく》な手段です。何かの時に、外国から「なんだ、日本という国は」と失望を買いかねない、危《あや》うい方法です。

これは中立国スイスとの対比で明確になります。スイスは長年、《国連に加盟すると、武力制裁への参加義務を負うが、それはスイスの永世中立政策を損なう可能性がある》というので、加盟しないでいました。

ただ冷戦終結後、国際社会への関与が求められてきて、国民投票を経て加盟申請をしました。二〇〇二(平成十四)年に加盟が決まりましたが、中立政策の維持を条件として認めてもらうのが、前提でした。実にスッキリした姿勢です。

日本でも、加盟申請の際に、付属文書で軍事協力の義務については留保する、と明確にすることも検討されたようですが、「玉虫色」でお茶を濁しました。さらに一九五八(昭和三十三）年には安保理の非常任理事国になっているのですから、日本政府もけっこう図々しいところがありますね。

曖昧なままそれを放置できたのは、米ソ冷戦で国連が当初の目的を果たせないでいたからです。冷戦が終結して国連が動き始めると難問に直面します。

## 湾岸戦争で「湾岸トラウマ」へ

南原繁も懸念していたことですが、湾岸危機から湾岸戦争にいたる過程で、日本は協力を求められ困ってしまいました。一九九〇（平成二）年、イラクが隣国クウェートに侵攻すると、放置しておけばヒトラーの二の舞が演じられると語られ、対策が急がれました。

決まったのは、国連憲章が想定していた正規の国連軍ではなく、多国籍軍でした。そこへ「日本も参加を」と要請されたのでした。義務ではありませんが、何もしない訳にもいかず、結局、百三十五億ドルもの巨額の援助を拠出しました。いや、「させられた」という表現もなされるように、圧力は凄《すさ》まじいものでした。

同じように軍事的貢献を見送ったドイツとともに、「小切手外交」と非難されることになり、日独とも政府・与党の関係者には「トラウマ」（心の傷）となったと言われます。

日本政府も、準備不足ながらまず「国連平和協力法案」を国会に提出したものの、成立にいたりませんでした。その後、一九九二（平成四）年にＰＫＯ（平和維持活動）協力法をかろうじて成立させましたが、中途半端な印象は拭《ぬぐ》えません。

他方、ドイツはその後、憲法（基本法）の解釈を改め、国連へは幅広く協力できる態勢を整えました。ドイツはその後、いろいろ国際貢献を始めています。

次に何か湾岸戦争のような、大きな出来事があると、非難される先進国は日本だけという事態にいたりかねない懸念が残ります。

**ピンポイント解説**

## 集団的自衛権と国連の集団安全保障——国際法では混同なし

### 同盟・共同防衛と集団安全保障

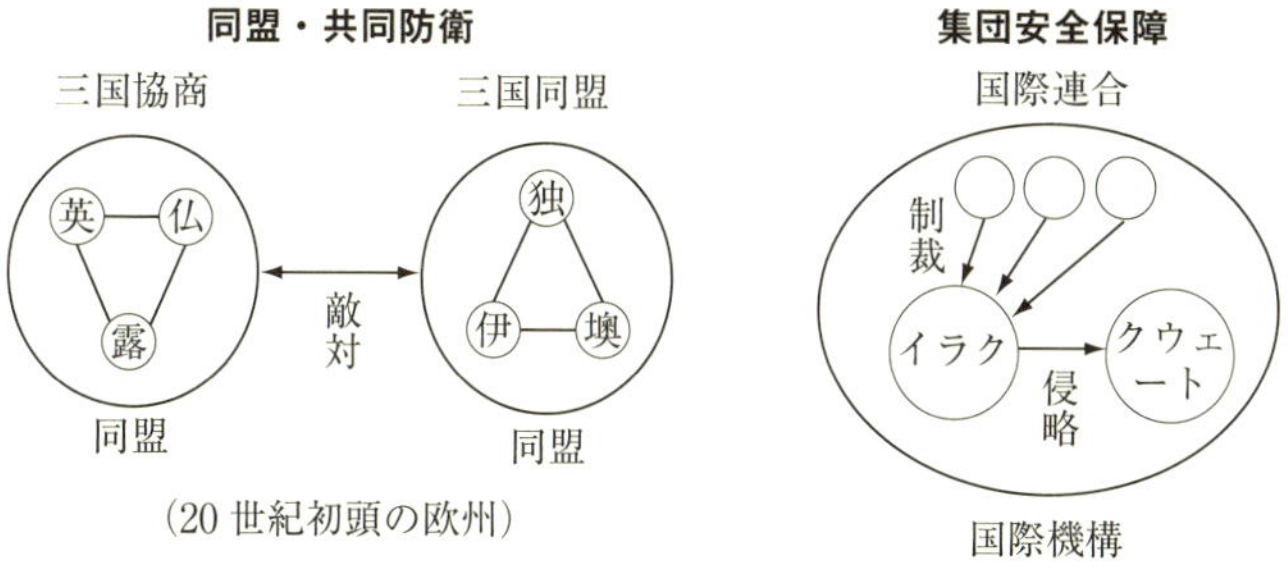


・どちらにも集団的要素があって、混同しやすいが、同盟は集団的自衛権を根拠に、外部からの攻撃に共同で防衛を図るものである。
・集団的安全保障は、国連のような国際機構の内部で、相互に安全保障しようというものである。

《解説》

集団的自衛権と国連の集団安全保障は紛《まぎ》らわしいが、日本的な現象である。国際基準である国際法では、全体で行う集団安全保障と、バラバラに行う個別的安全保障（自衛・防衛）があるだけだ。ところが日本では、９条がらみで「自衛・防衛」を、個別的自衛権によるものと、集団的自衛権による「共同防衛・集団自衛」とを分ける議論が多いので、３類型になり、そのうち２つに集団（的）の形容詞があるため混同が絶えない。だが、図のように理解すれば峻別《しゅんべつ》は難しくない。

## 20　さよなら「当用憲法」

人名には流行《はや》り廃《すた》りがあります。私の名前には古臭い感じがあり、兄の友人の「○彦さん」などカッコいいなと羨《うらや》ましく思っていました。そのうち石原裕次郎が登場したことで、私の秀治郎もあまり古風でなくなったのは幸いでしたが、人名漢字には奥の深い、特殊な事情がありました。

私の生れは一九四九（昭和二十四）年ですが、一九四八（昭和二十三）年から一九五〇（昭和二十五）年までが谷間の数年でして、人名には「亨」も「浩」も「彦」もダメでした。敗戦のショックの中で「日本語改革」が唱えられ、国語が大変革の波にさらされました。アメリカから来た教育使節団が、漢字の全廃やローマ字の採用を勧告しました。漢字を覚えるのが生徒に過重な負担になっている、というのでした。

漢字全廃派と抵抗勢力のせめぎ合いが始まり、妥協から「当用漢字」が生まれました。漢字制限の当面の基準ということで「当用」とされました。「さしあたり用いる」というのですから、暫定《ざんてい》的な性格が明確です。

人名漢字もこれに準ずるとされた時期があり、我々が谷間世代だったのです（阿辻哲次『戦後日本漢字史』）。役所の窓口で、なぜこの漢字はダメかと文句を言う親がいたことでしょう。「○

比古」と書いて「ひこ」と読ませる友人がいますが、親は「彦」と届けたかったのだろうと、憶測をたくましくしてしまいます。

数年して当用漢字とは別に、人名用漢字が認められ、少し混乱も収まったようですが、その後も人名漢字は追加の希望が絶えません。改訂の度に、新聞を賑わせているのは周知の通りです。

**福田恆存の「当用憲法論」**

「当用漢字表」が決って以降、漢字の追加・削除の攻防が続きました。評論家の福田恆存《つねあり》氏は、《憲法九条をめぐるせめぎ合い》が当用漢字の動きとウリ二つだとして、現憲法を「当用憲法」と呼びました。

ただ、あらためて「当用憲法論」の論稿を読み直し、周辺の事情も調べてみますと、私の読みが浅かったのに気づきました。単に「せめぎ合い」と理解していましたが、漢字をめぐる攻防はずっと深刻なものでした。

当用漢字は単に漢字の制限ではなく、「漢字全廃に向かう過渡期での規格」（阿辻氏）だったのです。漢字全廃が最終目標であり、当用漢字はその一里塚にすぎなかったのです。結果的に、その後そこで止まった、というのが実情でした。

漢字全廃の動きと抵抗勢力の抗争だったのがわかると、九条と当用漢字の対比も一段とよく理解できます。九条が《軍備全廃》に絡《から》んでいたからです。福田氏はこう説きました。

――漢字の追加・削除のせめぎ合いでは、双方が当用漢字を「防波堤」「前進基地」として利用しました。憲法九条も、軍備ゼロに向けた「前進基地」とする勢力と、別の解釈から相手の動きを押し止める「防波堤」にする勢力の争いだった。まさに「当用憲法」だった、と。

**憲法九条「攻防」史**

昨今の安保法制騒ぎも、この繰り返しにすぎません。「改憲派」にすれば一定の勝利でしょうが、トントンと九条改正に進む状況にはありません。負けた「護憲派」も、今後も抵抗していけるとの感触は残ったようで、まだまだ「前進基地」として九条を活用できると思っているようです。

当用漢字は常用漢字と呼びかえられ、今はなくなってしまいましたので、「当用憲法論」の比喩《ひゆ》はもうストレートには使えません。しかし、九条抗争の本質を理解するのに、この名称は、そのものズバリで最高です。

憲法制定時はともかくも、憲法施行されて数年で自衛隊も認められたのですから、「保守派」にすれば九条はまさに「防波堤」でした。また「革新派」にすればずっと「前進基地」でした。自衛隊違憲論では、自衛隊解散が目標であり続けています。

攻防史を少し振り返ってみましょう。

憲法九条は最初、文字通りの戦力ゼロとして構想されました。「マッカーサー・ノート」はそういう指示に他なりません。その後も紆余曲折《うよきょくせつ》がありますが、制定時に吉田首相はなぜか、戦力ゼロに近い答弁をしています。「自衛権の発動としての戦争も放棄」としたのです。しかし、警察予備隊や保安隊ができる時には、九条はすべての「実力」を禁じてはいないとなりました。禁じられている「戦力」とは、近代戦争の遂行に役立つ程度のものをいい、保安隊はそうではないから違憲ではないとされたのです。九条が「防波堤」となって、保安隊ができたのです。

次いで自衛隊発足後は、自衛のための必要最小限度の実力（自衛力）を越えるものが「戦力」とされ、自衛隊はそれを越えないから違憲ではないとなりました。その後、平和維持活動（PKO）法などいくつもヤマ場があって、安保法制で集団的自衛権の限定的行使容認にいたっています。

反対派も黙っていません。「非核三原則」や「防衛予算のGNP一％枠」など、次々と「前進基地」をつくってきました。最たるものが九条の《明文改正の阻止》でした。まさに攻防でして、護憲派の幹部である川村俊夫氏には『日本国憲法攻防史』というタイトルの著書もあります。

憲法九条をめぐって大変なエネルギーが注がれ、一進一退の「攻防」が続けられてきたのです。ただ私などには、エネルギーの消耗という面が感じられ、空しい想いが伴うのは否定できません。外国人に説明を求められた時など、答えに窮してしまうのです。

## 憲法九条の今後――二つの疑問

今後はどうなるでしょうか？――無論、改憲派は明文改正でもって決着をつけようということで、スタンスは明快です。

問題は、護憲派の方かと思います。ただ、どこが問題だったのかは必ずしも明確にされてきませんでした。ここで二つの問題点を明確にしてみたいと思います。

一つは、九条に手をつけさせないという想いから、憲法のどんな不都合にも目をつぶる結果になってきたことです。これにはかなり無理があり、あちこちに支障が出ています。護憲派憲法学者こそ、これでは困るのではないか、と思うくらいです。

たとえば、首相の衆議院解散の権限ですが、永田町では「首相の専権事項」だなどと言われ、やりたい放題になっていますが、多数派憲法学者は「憲法違反の疑いがある」と言っています。しかし、正に言うだけでして、負け犬の遠吠えのようです。どうして条文改正を提起し、無意味な解散をなくそうとしないのでしょうか。

「ねじれ国会」で国政が停滞したのに、両院関係を改めないのも、同じ類です。自民党だけでなく、民進党（旧民主党）も、政権を担っている時は困り果てたはずです。次に政権交代があるとした場合ですが、衆参同日選挙で一気に交代しないことには、また「ねじれ」の時期が生じます。どうして一緒に超党派での改正を考えないのでしょうか？

もう一つの問題点がより重大です。言われてみると単純ですが、《疑問の余地のない条文に改めることで、九条問題に決着をつけよう》という運動がなかったことです。これこそ、護憲派の欺瞞《ぎまん》、インチキではなかったでしょうか。自衛隊や日米安保が違憲だと思うなら、それが明確となるような改正を提起すればいいのですが、なぜしないのでしょうか？

そういう運動があれば、果てしない「攻防」ではなく、二つの改正案のいずれとするかということで、最終的な決着がつくことになっていたのではないでしょうか。

想えば制定時には、こんなに長く九条が続くとは思われていませんでした。辛辣《しんらつ》な記述で知られる米国人記者マーク・ゲインは『ニッポン日記』で、当時の日本人の印象から早期の改正を予想しています。占領が終われば「何らかの口実を設けて軍隊を再建」するのは「日本が地震を避けられないのと同様に」不可避だというのでした。

本書では「さよなら当用憲法」を結論としたいと思います。当用漢字は名称変更でもう存在しませんが、こう言うのはいいでしょう。――「さよなら、当用憲法!!」と。

「当用漢字」でいう当用とは、「当面の基準」ということでした。憲法を受け入れた人にも、占領下だから「当面」仕方がない、として受け入れた人がいます。天皇機関説の美濃部達吉ですが、亡くなる一九四八（昭和二十三）年に『日本国憲法原論』を著し、GHQの検閲を意識した慎重な言い回しながら、こう書いていました。先にも引きましたが（14節）、思い出してください。

――九条により「万一外国から侵撃を受けた場合……徒《いたずら》に滅亡を待つ外《ほか》ない」が、それは「他日完全な独立を回復し得た後に考慮されるべき問題」だと。

解釈の当否はともあれ、「独立を回復しえた」のですから、もう決着をつけてもよいと思います。

蛇足のようですが、一言加えておきます。一九五二（昭和二十七）年の独立からこれだけ年数を経ているのですから、「押しつけ憲法」などと言っていてはならない、ということです。まず、途中、占領下でもこんなチャンスがありました。この事実も、もっと知られてよいはずです。連合国の極東委員会が、憲法の公布に先立つ一九四六（昭和二十一）年十月十七日、こんな決議をしているのです。

「憲法発効後、一年を経て二年以内に」国会は新憲法を再検討し、必要なら改正してよい、と。しかし、吉田内閣も国会もこのチャンスを生かしませんでした。

独立をすることということは、この種の制約がなくなることに他なりませんが、それからもう六十年をはるかに超えているのです。

## ピンポイント解説

### 憲法９条をめぐる攻防――憲法９条攻防史年表

| 改憲の動き | 「護憲」の動き |
|---|---|
| | 1950年 声明「三たび平和について」 |
| 1951年 日米安保条約調印 | 1951年 社会党、再軍備反対の平和四原則 |
| 1954年 自衛隊発足 | |
| 1955年 自主憲法を党是に自民党結党 | 1955年 砂川地裁判決「在留米軍は戦力」 |
| 1960年 新日米安保条約、発効 | 1960年 安保改定阻止運動盛上る |
| | 1966年 ベトナム反戦運動盛上る |
| | 1973年 長沼訴訟地裁判決「自衛隊違憲」 |
| | 1990年 国連平和協力法案廃案に |
| | 1990年 沖縄で米兵の事件、反基地闘争へ |
| 1992年 PKO法成立。「湾岸トラウマ」も | |
| 2000年 衆参両院に憲法調査会 | |
| 2003年 有事関連三法成立 | |
| | 2004年「九条の会」組織広げ、活動活発に |
| 2005年 自民党「新憲法草案」決定 | |
| 2007年 防衛省発足。国民投票法成立 | |
| 2015年 安保法制成立 | 2015年 シールズなどの反対運動が活発に |

《解説》

戦後すぐはそうでもないが、1950年前後から講和論争で国論を二分する「保守」「革新」構図ができた。９条での対立が主軸であり、1955年には政党対立もその構図となった。自民・社会の「55年体制」がそれで、「改憲」「護憲」の攻防戦が繰り広げられてきた。この対立構図は、一時、米ソ冷戦の終結で薄まりかけたが、依然、日本政治の対立軸であり続け、今も護憲派は改憲阻止に成功している。

# 21　憲法論の前に安全保障論を

昔、西洋の山深い街道に、悪名高い山賊がいました。旅人を捕えては寝台に縛りつけ、寝台からはみ出すようなら手足を切り、寝台より小さいと身体を引き伸ばしたそうな。

ギリシア神話の「プロクルステスの寝台」の話です。無理に設定した基準に人間を合わせる非合理を戒めたものですが、人間は同じような愚行を繰り返すもののようです。何やら憲法九条も似たような展開になっていませんか――というのが、今回の話です。

## まず安全保障を論じよう

本書は前節で終える予定でしたが、大事なことを書き残した想いがしてなりませんでした。私は普段は《憲法九条がテーマでも、いきなり解釈論に入るべからず》と強調しているのですが、この本の元となった連載では、タイトルに九条とあるのに引きずられてか、「九条論の落とし穴」にはまっていたようです。いきなり法律論に直行していたのです。もちろん多少は大事な前提にふれてはいるのですが、まったく不十分でした。それでは大事なことを見逃す危険がある、ということを、この節で書いておきたいと思います。

「物事は順番が肝心」といいますが、九条は国の安全をどう保障するかの条項ですから、まず安全保障を考え、その後で憲法、というのが順番のはずです。そこを間違えると簡単に、窮屈な憲法論に陥ります。「プロクルステスの寝台」よろしく、本末が転倒してしまうのです。すぐ「それは憲法に反する」というような話になってしまいます。

これを何とか上手に説けないものかと考えながら、これまでに読んだ本などを探してみました。ただ私が言うだけでは聞いてもらえないことも、エライ人の言葉なら耳を傾けてもらえるからです。

## 「思考の道筋」が大切

ありました、ありました。デカルト大先生の『方法序説』です。九条の「護憲・改憲」で論争している我々の悩みにズバリ答える表現があり、苦労が報われました。

デカルト曰《いわ》く——「意見が分かれるのは、ある人が他人よりも理性があるためではなく、ただ、わたしたちが思考を異なる道筋で導き、同一のことを考察しているのではないからである」。

私の言おうとしたのも、正に「思考の道筋」です。「同一のテーマ」を論じているつもりでも、「思考の道筋」が異なると、別のテーマを論じているようなことになるのです。いきなり憲法論に直行せず、それは安全保障論の後にしてもらいたいのです。

例を挙げます。——先の安保法制国会では民主党岡田克也代表は、「安倍内閣による集団的自衛権の行使容認に反対」の線で党の見解をまとめました。党内事情のためでしょうが、議論の道筋を歪めた一例です。集団的自衛権の行使そのものについて、態度決定を避けているのです。

もっともらしい結論を出すのは上手ですが、頭はもっと良い方向に使ってもらいたいものです。東大法、官僚という秀才コースを歩んだ岡田氏ですが、従来の九条論のパターンを出ない、「小賢しい学校秀才の答案」という印象が拭《ぬぐ》えません。ここでフラつかず、英断を下せるようだと、党再生の道につながるのでしょうがね。

こういうことでは妙案はありません。「天が下に新しきことなし」と言いますが、古くから人類がやってきた方法にのっとり、あらゆる手段を動員するしかないのです。まずは自力での防衛と、同盟による共同防衛です。

別に、国連などの集団安全保障を排除する必要はないでしょうが、国連ばかりに頼るわけにはいきません。現に、第二次大戦直後には期待された国連も、米ソ冷戦が終わるまでほとんど機能しませんでした。そして、冷戦構造終結の後の今も、劇的に状況が変化した訳ではありません。

常識的ですが、情勢判断をしながら自衛隊、日米同盟、国連の三つを巧く組み合わせていくしかない、ということです。一度憲法で決めたら、テコでも変えない、という訳にもいかないのもまた、常識でしょう。絶えず情勢判断をしながら調整していく姿勢が欠かせません。

「憲法論の前に安全保障論を！」という私に近い主張を、法哲学から説いているのは井上達夫・東大教授です。

――憲法は「法の支配と民主主義を保障する原理」であって、安全保障の在り方は民主的に討議すべきである。憲法で予め決め、押しつけているのはよくない。憲法から九条を削除せよ、という主張です（「緊急提言　憲法から九条を削除せよ」）。

「財政や社会保障などの政策は、憲法自体が先決するのではなく、……民主的プロセスによって決定されます。それなのに、なぜ安全保障だけが民主的プロセスに任されず、憲法九条によって先決されているのでしょうか」。

さらには、憲法九条のために安全保障の「問題の国民的討議」が回避される結果になっていることを指摘して、「『九条の壁』の前に思考停止」になっていると言います。

そうです。九条で安全保障の案件が「先決」されているのは、重大な問題なのです。

もう一人、巧みに説いている方がいました。同じ東大の北岡伸一教授です。

――日本では「安全保障論議というのは、実際には法律論議」、つまり「法律解釈の整合性を問うだけの議論」になっているが、それではダメであり、「どういう脅威があるのか、その蓋然《がいぜん》性はどれくらいか、どういう方針で対処するか、というまっとうな議論をしてほしい」と言うのです。

結論は、「法律論ですべてを論じるのは止めるべきだ」ということで（『日本の自立』）、これこそ私の言いたいことです。

## 対外政策には相手がある

もう一つ、常識的ながら強調したいのは、対外政策には「相手がある」ということです。ただ「憲法九条があるので……」といっても、相手が了解してくれないと政策になりません。北朝鮮のように孤立を厭《いと》わないなら話は別ですが。

二〇一〇（平成二十二）年の尖閣《せんかく》諸島での漁船衝突事件を思い出して下さい。民主党内閣でしたが、前原誠司外相がアメリカに「尖閣は日米安保の適用対象範囲内かどうか」を問い合わせ、「イエス」の回答を得て一安心となりました。菅直人首相も「日米の緊密な連携」を語りましたが、困った時だけ同盟をいっても、同盟は確実なものにはなりません。

また、アメリカはその際、「まず日本が防衛を」とクギを刺すのを忘れませんでした。これはもっと報じられてよかったことです。根本的なことですから、「復習」しておきたいものですね。

たまたまアメリカの大統領予備選では、「毒舌」で知られる共和党トランプ候補が、ウケを狙いで、日本を非難しています。「日本は日米安保にタダ乗りしている」と言っているのです。コストを負担せずに、利益を享受している、と。

幸か不幸か大半のアメリカ国民は、日米安保の変則性を知らないでいます。何かことが起きて、実態を知った時、どう出てくるか、考えておく必要があると思います。何かの時に、すぐに日本商品のボイコットとなるのは必定でしょう。

一九九〇（平成二）年の湾岸危機から一九九一（昭和三）年の湾岸戦争で「学習」したことも同じです。対外政策には相手があるのでして、「憲法九条があるので……」というだけでは、国際社会では政策になりません。それでも「憲法」というのなら、国益の損失を覚悟しておかないといけないのです。

## 「九条至上主義」が犠牲にしてきたもの

最後にもう一つ、九条論の在り方で、忘れられがちなことを指摘して終えましょう。「護憲論」が実は「九条護憲論」となっていることです。そして、そこでは他の不都合が無視される傾向があります。

いうまでもなく、憲法は九条だけではありません。以前なら天皇の規定も争点でした。有名な「護憲論者」大江健三郎氏は反天皇制論者として知られますが、今では九条護憲のため反天皇制を言いません。共産党も同じです。

私は、九条の他にも何とか改正してもらいたい条項があるので、護憲派がこのように九条を優先するあまり、他の不都合に目をつぶっているのを、放置できません。これまでにも少しふれてきましたが、少しまとめて論じておきましょう。

まずは両院制の問題です。衆参の「ねじれ」では、自・公政権も民主党政権も困り果てました。今のままなら今後も生じるでしょう。そうなら、超党派で改正に取組むのが常識でしょうが、民進党護憲勢力はそう言いません。

このように憲法改正なくしては、解決の困難な問題があるのですが、護憲勢力は見て見ぬふりです。「九条至上主義症候群《シンドローム》」と私は勝手に名づけています。九条に手をつけさせないために、他の点についても憲法議論はすべて拒否するというビョーキのことです。

他にも衆院解散権のあり方はどうするのでしょう。永田町では「首相の専権事項」だとして、勝手に解散できるように語りますが、憲法学者の解釈は多くが別でして、解散の度《たび》に「違憲の疑いあり」と言っています。だが、犬の遠吠えにすぎません。条文ではっきりさせれば良いのですが、これも九条のために放置されています。

## 「事実」から目をそむけないで

総じて、護憲派の議論には「不都合な真実」に目をふさぐ傾向があるように思います。全体については、この節で述べたことにつきます。解釈にあたっては、この書物全体で述べた通りですが、とりわけマッカーサー・ノートとGHQ草案の相違や、文民条項が入った経緯など、「不都合な真実」を軽視しないでほしいものです。

## ピンポイント解説

### 事実から目をそむけてはならない

**マッカーサー・ノート　――天皇は「元首」の地位**
(1946年2月3日)
天皇は国家の元首の地位にある。皇位は世襲される。天皇の職務および権能は、憲法に基づき行使され、憲法に表明された国民の基本的意思に応えるものとする。
(冒頭の英文は、Emperor is at the head of the state. である)

《解説》

　憲法では9条に劣らず天皇の地位も問題にされてきた。外国の書物は多くが天皇を元首としているが、国内では今も議論があり、憲法学者の多数は《象徴であり、元首ではない》とする。意外だが、マッカーサー・ノートに「元首の地位」にせよとの指示がある。それにふれた高校教科書（東京書籍）もあるが、苦しまぎれのように「頭部の地位」との訳がつけられている。他にもヘッド・オブ・ザ・ステイトを元首と訳したくないからか、「国家の首部」（長谷川正安訳）などとある。事実から目をそむけていてはならないのではないか。

## エピローグ——憲法改正への道筋をつめよ

これまでの記述で、九条を改正すべきとの、私の結論は十分かと思います。ここでは、具体的に憲法九条をどうすればよいか、簡単に述べておきます。

憲法九条は、世間で思われているよりはずっと解釈の余地の大きいものですから、解釈変更でやれることを当面やっていくというのは、間違っていないと思います。先の集団的自衛権の限定的行使の容認はその一つでして、「解釈是正」でしょう。危機は、いつ、どんな形で発生するかわからない以上、安保法制を実現できたのは良かったと思います。

ただ、憲法九条を明文改正しておいた方が、法的な安定性のためにも、不備を正していくにも、良いのは明白です。具体的には、多くの論者が主張しているように、九条二項を削除するだけの改正が良いと思います。

他の改正の方法では議論が百出して、改正案がまとまりにくいと思います。また、一項も含め九条それ自体を削除する案もありますが、それでは平和尊重の原則をも放棄したかのような印象を与え、誤解から反対が強まり、実現が遠のくことになりかねません。諸外国からも誤解を招く恐れがあり、私は賛成しかねます。

では、どのような手順で改正を実現するかです。そこでは憲法学者よりも、われわれ政治学者の意見を尊重していただいていいかもしれません。

これまで私も何度か「改憲派」の政治家・学者・文化人の意見を聞く機会がありましたが、「改憲」の中身に少し立ち入って検討を始めると、議論が百出となり、たちまち収拾がつかなくなるのでした。それぞれが「一国一城の主《あるじ》」で、「自説を譲らない人」が実に多いのです。「この点が改憲案に入らないのなら、私は手を引く」といった主張がすぐに出てきます。いざという時にはすぐ結束する護憲派と異なり、改憲論者には独立独歩の一言居士が多いのです。それは他のことでは良く作用するのかもしれませんが、「政治」の場ではどうなのでしょうか。

最後は数で競う世界ですから、決定的なマイナスになりかねません。マックス・ウェーバーが喝破《かっぱ》したように、政治に関わるということは悪魔と関わることだというのに、なんとウブな人が多いのか、驚きでした。

これでは、可能なはずの憲法改正も、実現が困難となりかねません。改憲の内容に優先順位をつけ、手順を示す必要があります。合意の欠ける点、困難な点については、優先順位を下げる姿勢が不可欠です。

その意味で気になるのは、前文にこだわる改憲論者が少なくないことです。数年前に出た森本敏《さとし》・石破《いしば》茂・西修『国防軍とは何か』は、九条問題の要点を整理した良い本ですが、なんと石破、森本の両氏が「九条と前文のセットでの改正」を言っています。しかし、私の経験では、前文こそが、どう変えるかで「改憲派」の間でも議論が百出となり、収拾がつかなくなる部分です。

これは、「改憲のシナリオ」が未だによく詰められていないことを露呈するものでしょう。前文は確かにシンボル的に大きな意味があるでしょうが、裁判など法律の上では、前文よりも本文の方が重要なのです。憲法制定時にもGHQは、前文は「どうせ一つのレトリック」と言っています。にもかかわらず当時も今も、「大きな言葉を好む人間には、前文くらい魅力的なものはない」という点が曲者《くせもの》なのです（田中英夫『憲法制定過程覚え書』）。

法律上の重要性で本文に劣る前文に、エネルギーを消耗していてはならない、というのが私の見解です。

本書は、月刊誌『改革者』（政策研究フォーラム）に掲載した原稿をもとにしています。元の原稿は、断続的に、過去数年にわたり発表したものですが、その間、現実に憲法関連の大きな動きもありましたので、その時々の情勢を反映している部分があります。また、この間、定年退職を迎え、東洋大学研究室の資料の整理を迫られ、文字通り、混沌とした状況の中で書き継ぎました。

連載原稿に体系性に欠ける面があり、部分的に重複があるのは、このような事情のためでもあります。一冊の本にまとめるにあたり、できるだけ調整しましたが、多少、残っています。執筆経緯のためと、ご寛恕《かんじょ》いただければ幸いです。

平成二十八年五月

加藤秀治郎

## 引用・参考文献


**1 「無条件降伏」の下での憲法制定だったのか**

・読売新聞社『昭和史の天皇』(第三巻)中公文庫、二〇一二年
・長尾龍一『憲法問題入門』ちくま新書、一九九七年
・清瀬一郎『秘録東京裁判』(初出一九六七年)中公文庫、一九八六年
・小田滋ほか編『解説条約集』(第三版)三省堂、一九八八年

**2 GHQ秘密検閲の下での憲法制定**

・高見順『敗戦日記』中公文庫、二〇一四年
・石橋湛山『石橋湛山全集』(第十三巻)東洋経済新報社、一九七〇年
・谷沢永一『標識のある迷路』関西大学出版部、一九七五年
・樋口陽一・大須賀明編『日本国憲法資料集』(第三版)三省堂、一九九四年
・愛敬浩二『改憲問題』ちくま新書、二〇〇六年
・マーク・ゲイン『ニッポン日記』(初出邦訳、一九五一年)ちくま学芸文庫、一九九八年
・林達夫「妄人妄語」(初出一九五二年)(『林達夫セレクション1』平凡社、二〇〇〇年)

**3 GHQはどう秘密検閲を行ったのか**

・江藤淳『忘れたことと忘れさせられたこと』文春文庫、一九九六年
・福田恆存『問ひ質したき事ども』新潮社、一九八一年
・関嘉彦「『戦後政治思想』への追悼文」(『新潮45』一九八九年二月号)
・江藤淳『一九四六年憲法――その拘束』文春文庫、一九九五年
・桶谷秀昭『昭和精神史　戦後篇』文藝春秋、二〇〇〇年
・江藤淳『閉ざされた言語空間』文春文庫、一九九四年

## 4 公職追放の憲法への影響

・岡崎久彦『吉田茂とその時代』ＰＨＰ研究所、二〇〇三年
・増田弘『公職追放論』岩波書店、一九九八年

## 5 侵略戦争、防衛戦争とマッカーサー

・児島襄『史録日本国憲法』文藝春秋、一九七二年
・佐藤達夫『日本国憲法成立史』(第二巻)有斐閣、一九九四年
・佐々木高雄『戦争放棄条項の成立経緯』成文堂、一九九七年
・高柳賢三ほか編『日本国憲法制定の過程Ｉ』有斐閣、一九七二年
・週刊新潮編集部『マッカーサーの日本』(下巻)、新潮文庫、一九八三年

## 6 意外な党が「防衛は可」を主張

・鈴木昭典『日本国憲法を生んだ密室の九日間』創元社、一九九五年

・児島襄『講和条約』（第一巻）新潮社、一九九五年
・西修『図説・日本国憲法の誕生』河出書房新社、二〇一二年

**7 芦田修正と本人の意図**

・佐藤達夫（佐藤功補訂）『日本国憲法成立史』（第四巻）有斐閣、一九九四年
・西修『ドキュメント日本国憲法』三修社、一九八六年
・佐藤達夫『日本国憲法誕生記』（初出一九五七年）中公文庫、一九九九年
・芦田均『新憲法解釈』（初出一九四六年）、『制定の立場で省みる日本国憲法入門』（第一集）書肆心水、二〇一三年、所収

**8 「講和」と憲法九条**

・白洲次郎『プリンシプルのない日本』ワイアンドエフ、二〇〇一年
・細谷千博ほか編『日米関係資料集』東京大学出版会、一九九九年
・丸山眞男『後衛の位置から』未来社、一九八二年

**9 日米安保と憲法九条**

・田中美知太郎『今日の政治的関心』文藝春秋、一九八六年
・ジョージ・オーウェル『水晶の精神』平凡社ライブラリー、一九九五年
・コンラート・ヘッセ『ドイツ憲法の基本的特質』成文堂、二〇〇六年

**10 警察と軍とネガティヴ・リスト**

・色摩力夫『国家権力の解剖——警察と軍隊』総合法令、一九九四年
・倉山満『倉山満の憲法九条』ハート出版、二〇一五年
・小川和久『日本人が知らない集団的自衛権』文春新書、二〇一四年
・産経新聞「戦後史開封」取材班『戦後史開封　昭和20年代編』扶桑社文庫、一九九九年
・奥平穣治「軍の行動に関する法規の規定のあり方」（『防衛研究所紀要』二〇〇七年十二月）

**11　真の立憲主義とエセ立憲主義**

・田中美知太郎『今日の政治的関心』文藝春秋、一九八六年
・小林節『憲法守って国滅ぶ』KKベストセラーズ、一九九二年
・小林節『白熱講義！　日本国憲法改正』ベスト新書、二〇一三年
・コンラート・ヘッセ『ドイツ憲法の基本的特質』成文堂、二〇〇六年
・カピー&エバンス『レキシコン　アジア太平洋安全保障対話』日本経済評論社、二〇〇二年

**12　「神学論争」の貧困**

・河谷龍彦ほか『聖書の土地と人びと』新潮文庫、二〇〇一年
・西修『いちばんよくわかる！　憲法第9条』海竜社、二〇一五年

**13　「共産党日本語」と憲法**

・尾吹善人『寝ても覚めても憲法学者』ファラオ企画、一九九二年

・筆坂秀世『日本共産党と中韓』ワニブックス、二〇一五年
・日本共産党中央委員会『日本共産党綱領・日本共産党規約』同出版局、二〇〇四年

## 14 九条解釈の謎と知的不誠実

・吉村昭『白い航跡』(上下巻)講談社文庫、一九九一年
・美濃部達吉『日本国憲法原論』有斐閣、一九四八年
・村田聖明「憲法九条の謎――マッカーサーは何を考えていたか」(初出、一九八九年)(『正論』編集部編『憲法の論点』産経新聞社、二〇〇四年、所収)
・西修『ドキュメント日本国憲法』三修社、一九八六年
・古関彰一『新憲法の誕生』(初出一九八九年)中公文庫、一九九五年
・佐々木高雄『戦争放棄条項の成立経緯』成文堂、一九九七年
・西修『日本国憲法成立過程の研究』成文堂、二〇〇四年
・古関彰一『日本国憲法の誕生』岩波現代文庫、二〇〇九年

## 15 基地提供と集団的自衛権

・浅井基文『集団的自衛権と日本国憲法』集英社新書、二〇〇二年
・浅井基文『すっきり!わかる集団的自衛権Q&A』大月書店、二〇一四年
・川村俊夫『日本国憲法攻防史』学習の友社、二〇〇九年
・佐瀬昌盛『いちばんよくわかる! 集団的自衛権』海竜社、二〇一四年

・筒井若水編『国際法辞典』有斐閣、一九九八年
・藪野祐三ほか編『国際関係用語辞典』学文社、二〇〇三年

## 16 「なし崩し再軍備」のツケ

・吉田茂『回想十年』（第三巻）中公文庫、一九九八年（初出、一九五七～八年）
・畠基晃『憲法九条――研究と議論の最前線』青林書院、二〇〇六年

## 17 消された党派――社会主義再軍備論

・植村秀樹『再軍備と五五年体制』木鐸社、一九九五年
・山本拓実『もうひとつの講和論争』現代図書、二〇〇九年
・小堀甚二『再軍備論』国民教育社、一九五一年
・向坂逸郎・田原総一朗「マルクスよりもマルクス・向坂逸郎」（『諸君！』一九七七年七月号）
・トラ・アンジェリコ編訳『天使の辞典』ＰＨＰ研究所、一九八三年

## 18 「吉田ドクトリン」と九条

・永井陽之助『現代と戦略』文藝春秋、一九八五年
・西原正「日本と東南アジア」『体系民主社会主義』文藝春秋、一九八一年
・岡崎久彦『吉田茂とその時代』ＰＨＰ研究所、二〇〇二年
・田久保忠衛『憲法改正、最後のチャンスを逃すな！』並木書房、二〇一四年
・植村秀樹『再軍備と五五年体制』木鐸社、一九九五年

・湯浅博『吉田茂の軍事顧問　辰巳栄一』文春文庫、二〇一三年
・伊藤昌哉『池田勇人とその時代』朝日文庫、一九八五年
・読売新聞20世紀取材班『20世紀　高度成長日本』中公文庫、二〇〇一年
・江藤淳『同時代への視線』ＰＨＰ研究所、一九八七年

## 19　憲法九条と国連

・石橋湛山『石橋湛山全集』（第十四巻）東洋経済新報社、一九七〇年
・増田弘『侮らず、干渉せず、平伏せず』草思社、一九九三年

## 20　さよなら「当用憲法」

・阿辻哲次『戦後日本漢字史』新潮社、二〇一〇年
・福田恆存「当用憲法論」（初出一九六五年）『国家とは何か』文藝春秋、二〇一四年、所収
・マーク・ゲイン『ニッポン日記』ちくま学芸文庫、一九九八年
・美濃部達吉『日本国憲法原論』有斐閣、一九四八年

## 21　憲法論の前に安全保障論を

・井上達夫「緊急提言　憲法から九条を削除せよ」（『文藝春秋スペシャル』二〇一五年秋号）
・デカルト『方法序説』ワイド版岩波文庫、二〇〇一年
・北岡伸一『日本の自立』中央公論新社、二〇〇四年

## エピローグ――憲法改正への道筋をつめよ

・森本敏・石破茂・西修『国防軍とは何か』幻冬社、二〇一三年
・田中英夫『憲法制定過程覚え書』有斐閣、一九七九年

**参考文献**（引用文献の他に、執筆にあたり特に参考にしたもの）

・青柳恵介『風の男――白洲次郎』新潮文庫、一九九七年
・江藤淳編『占領史録（下）』、講談社学術文庫、新装版、一九九五年
・加藤秀治郎編『憲法改革の構想』一藝社、二〇〇三年
・加藤秀治郎『日本政治の座標軸』一藝社、二〇〇五年
・加藤秀治郎『憲法改革の政治学』増補改訂版、一藝社、二〇〇五年
・加藤秀治郎「占領下における憲法九条の成立」（『東洋法学』、二〇〇七年）
・鴨下信一『誰も「戦後」を覚えていない』文春新書、二〇〇五年
・熊倉正弥『言論統制下の記者』朝日文庫、一九八八年
・ジェームス三木『憲法はまだか』角川書店、二〇〇二年
・関嘉彦（加藤秀治郎編・解説）『戦後日本の国際政治論』一藝社、二〇〇〇年
・袖井林二郎『拝啓マッカーサー元帥様』大月書店、一九八五年
・半藤一利『日本国憲法の二〇〇日』プレジデント社、二〇〇三年
・連合国最高司令部民生局『日本の新憲法』（邦訳初出、一九五一年）（『憲資・総第一号』として復刻、

一九五六年）
・読売新聞政治部『基礎からわかる憲法改正論争』中公新書ラクレ、二〇一三年

**さらに読み進まれる読者のために――推薦文献六点**

①福田恆存「当用憲法論」（『国家とは何か』文藝春秋、二〇一四年刊）。論文での初出は一九六五年。いろいろな書物に収められているが、今はこれが最も入手が容易だろう。
②西修『図説・日本国憲法の誕生』（河出書房新社、二〇一二年）。
③江藤淳『一九四六年憲法――その拘束』（文藝春秋、二〇一五年）。初出は一九八〇年。所収の論文は多少異なるが、今はこれが最も入手が容易だろう。
④岡崎久彦『戦略的思考とは何か』（中公新書、一九八三年）。
⑤関嘉彦『戦後日本の国際政治論』（一藝社、二〇〇〇年）。
⑥佐瀬昌盛『いちばんよくわかる！　集団的自衛論』（海竜社、二〇一四年刊）。同じ著者の『新版・集団的自衛権』（一藝社）の方が詳しいが、理解するのはこちらが容易。上級者はぜひ一藝社版にあたられたい。

《解説》
憲法九条論と安全保障論について推薦したい文献を六編に絞って掲げた。絞り込むのは至難の業だが、独断も交えて選んだ。

①福田氏の論文は、現行憲法に批判的なことを言うのはタブーだった時期のものだが、議論の展開が面白い。

②憲法学者の西氏には多くの著書があるが、制定経緯を明らかにした功績が最も大きいだろう。この本は文字が少ない分だけ、入門用にお薦めだ。

③江藤氏の論稿はどれを選ぶかが大変難しいが、一冊というならこれだろう。後で凝縮した一冊を残して欲しかったと思うが、それは望蜀《ぼうしょく》の嘆《たん》というものか。

④岡崎氏はほとんど空白状態だった戦後日本に戦略論を導入し、巧みに説いて、「空気」を変えた。

⑤社会思想家の関氏は国際政治に関心も強く、関・森嶋論争は有名だ。戦後論壇の異常な「空気」は、関氏の諸論文を読むと良く理解できる。

⑥佐瀬氏の本は集団的自衛権の平易な解説だが、これを読めば、安保法制は決着がついたなどと安心できないのが分かろう。佐瀬氏には他に雑誌での憲法関連論文も多いが、本になっていないのは残念だ。

**加藤秀治郎（かとう　しゅうじろう）**

昭和 24 年、岩手県生まれ。慶大法卒。同大学院法学研究科を経て、京都産業大学専任講師、助教授、教授。平成 12 年から同 27 年の定年退職まで東洋大学法学部教授。
**現在**　東洋大学名誉教授、法学博士（慶大）（専攻　政治学）

**主要著書**

『戦後ドイツの政党制——東西ドイツ政党の政治社会学的分析』（学陽書房、1985 年）
『「茶の間で聞く」政治の話のウソ。』（学陽書房、1990 年）
『政治のしくみ——図説　日本はこうなっている』（PHP 研究所、1993 年）
『ドイツの政治・日本の政治』（人間の科学社、1996 年）
『「憲法改革」の政治学』（一藝社、2002 年／増補改訂版、2005 年）
『日本の選挙——何を変えれば政治が変わるのか』（中公新書、2003 年）
『政治学』（芦書房、2005 年）
『日本政治の座標軸——小選挙区導入以後の政治課題』（一藝社、2005 年）
『日本の統治システムと選挙制度の改革』（一藝社、2013 年）

**主要編書**

『日本の安全保障と憲法』（南窓社、1998 年）
『選挙制度の思想と理論』（芦書房、1998 年）
『憲法改革の構想』（一藝社、2003 年）
他、共著書、訳書、多数。

# やがて哀しき憲法九条
## あなたの知らない憲法九条の話

平成二十八年六月二十日　第一刷発行

著　者　加藤秀治郎
発行人　藤本　隆之
発　行　展　転　社

〒157-0061 東京都世田谷区北烏山 4-20-10
TEL　〇三（五三一四）九四七〇
FAX　〇三（五三一四）九四八〇
振替〇〇一四〇—六—七九九九二

印刷製本　中央精版印刷

©Kato Shujiro 2016, Printed in Japan
乱丁・落丁本は送料小社負担にてお取り替え致します。
定価［本体＋税］はカバーに表示してあります。
ISBN978-4-88656-427-6

# てんでんBOOKS
[表示価格は本体価格（税抜）です]

**明治という奇跡**　皿木喜久
●西洋列強の魔の手が迫るなかで明治維新を成し遂げ、近代的中央集権国家を築き上げた日本。それはまさに奇跡である。1300円

**戦後日本を狂わせた反日的歴史認識を撃つ**　田中英道
●今こそ日本人は、過てる反日的歴史認識から脱却し、正しい歴史認識を取り戻さなければならない。2000円

**国家の覚醒**　西村眞悟
●戦後体制は未だ我が国を呪縛してやまない。いま為すべきことは何か。その解答を提示し実践を説く。2000円

**一八九五―一九四五 日本統治下の台湾**　浅野和生
●日本統治下における台湾を再考！ 統治開始と統治終焉に着目し、この間の統治制度の変遷を追う。1700円

**御歴代天皇の詔勅謹解**　杉本延博
●大和で生まれ育つた著者が、みことのりの再興を世に提起し、御歴代天皇の詔勅を謹解する。1500円

**国風のみやび**　荒岩宏奨
●日本は天皇が知ろしめす国であり、神々と天皇が祭祀、文学、美術、音楽の淵源となつてゐるみやびな国風である。1500円

**占領下制定憲法打破・第九条改定に策あり**　等々力孝一
●現今の憲法と安保国防をめぐる混迷を脱し睡魔の根源を絶つ道は、現在の危機を国民がしっかりと自覚することである。1800円

**北朝鮮拉致と「特定失踪者」**　荒木和博
●すべての拉致被害者を救い出せ！ 平成26年6月から平成27年7月までの特定失踪者問題調査会の活動の軌跡。1800円